KB144883

미국 무역정책 연구

미국 무역정책 연구

2015년 6월 22일 초판 1쇄 인쇄
2015년 6월 29일 초판 1쇄 발행

지은이 백창재
펴낸이 윤철호
펴낸곳 (주)사회평론아카데미

편집 송원근·고하영·김천희
디자인 김진운
마케팅 하석진

등록번호 2013-000247(2013년 8월 23일)
전화 02-2191-1133
팩스 02-326-1626
주소 121-844 서울특별시 마포구 월드컵북로12길 17(2층)

이메일 editor@sapyoung.com
홈페이지 www.sapyoung.com
ISBN 979-11-85617-45-9 93340

이 저서는 2013년도 정부재원(교육과학기술부 인문사회 연구역량 강화사업비)에 의한
한국연구재단의 지원(NRF-2013S1A3A2054523) 및 서울대학교 미국학연구소 총서 사업 지원에 의해
수행된 연구 결과임.

미국 무역정책 연구

백창재 지음

사회평론

서문

필자가 미국 무역정책에 주목하게 되었던 때는 1980년대 후반이다. 당시 미국은 장기간의 경제 침체와 혹독한 구조조정을 겪은 뒤, 세계 경제에서의 위상이 추락하고 있었다. 곳곳에서 '미국 쇠퇴론'과 '일본 일등론'이 제기되고 있었는데, 그 뚜렷한 증거는 미국의 무역 상황에서 찾아지곤 했다. 1980년대 들어 미국의 무역수지 적자가 천문학적으로 급증했던 것이다. 미국산 상품들의 해외 경쟁력 저하와 쏟아져 들어오는 수입품들은 당연히 미국 국내에서 보호주의자들의 함성을 증폭시켰다. 다른 나라들이 자기 시장에서 미국 상품을 차별하면서 불공정한 경쟁으로 미국 시장을 잠식한다는 주장은 곧 기존 세계 무역체제 GATT와 미국 무역정책에 대한 부정으로 이어졌다. 이차대전 이후 세계 무역질서를 이끌어 오던 패권국 미국이 기존 질서를 관리할 수 있는 능력과 동기를 더 이상 지니지 못하는 상황이 되었던 것이다.

오랫동안 정치적 대립과 타협이 벌어진 뒤에 이에 대한 해법으로 마련된 것이 1988년의 '종합무역법'이다. 우리에게 '수퍼 301조'로 잘 알려진 이 법은 행정부로 하여금 일방적으로 무역 상대국들의 불공정 행위를 조사하고 시정하고 보복하도록 규정했다. 저명한 경제학자 바그와티가 '공격적 일방주의'(aggressive unilateralism)라고 비난하기도 했던 이 정책은 명백히 GATT의 규정을 벗어나는 행위로, 미국이 무역전쟁을 일으켜 세계 자유무역질서를 파괴할 수 있다는 우려까지 제기되었다.

그러나 본문에서 분석하듯이, 수퍼 301조는 두 차례 시행되어 무시할 만한 성과를 냈을 뿐, 미국 무역정책 전반에 별다른 흔적을 남기지 않았다. 수년 뒤 클린턴 행정부가 수퍼 301조를 부활시키겠다고 엄포를 놓았을 뿐이다. 오히려 종합무역법을 통해 미국은 우루과이 라운드를 타결 짓고 WTO 체제를 출범시켰다. GATT 체제보다 더욱 심화되고 확산된 자유무역질서를 구축했던 것이다.

이 과정과 미국 국내외의 논의들을 지켜보면서 두 차원에서 미국 무역정책의 중요성을 깨닫게 되었다. 하나는 미국 무역정책 자체의 중대성이다. 실크로드와 대항해 시대부터 생산과 무역은 세계 경제질서의 핵심이다. 한 국가가 모든 자원과 상품을 자급자족하지 않는 한 국가 간 교환, 곧 무역은 필수적이고, 무역의 형태와 조건을 어떻게 조직화하는가는 국가 간 경제관계의 핵심인 것이다. 19세기 이래 자유주의적 세계 무역질서는 초강대국, 곧 패권국의 주도하에 수립되고 유지·관리되어 왔는데, 이차대전 이래 패권국의 역할은 미국이 담당해 왔다. 따라서 미국이 어떠한 성격의 무역정책을 추구하는가에 따라 세계 무역질서는 변화될 수밖에 없다. 세계화의 시대에 자유무역이 불가피한 것처럼 보일지라도, 어떠한 형태의 자유무역이 어떤 수준과 범위까지 이루어지는가는 여전히 선택의 여지를 남겨두고 있고, 이는 미국 무역정책의 성격에 따라 좌우될 것이다.

다른 하나는 미국 무역정책이 결정되는 과정의 중요성이다. 주지하듯이 한 나라의 무역정책은 정치와 경제, 나라 안과 밖의 경계선에서 이루어진다. 특정한 무역정책에 경제적 계산과 정치적 고려가 포함되어 있고 국내 이해관계와 외교적 득실이 결부되는 것이다. 따라서 특정한 무역 상황에 대한 대응으로 특정한 무역정책이 자동적으로 이루어지지 않는다. 다양한 이해관계들과 목적들 간의 동태 속에서 다양한 성격의 대응이 수립될 수 있는 것이다. 분절적인 입법과정에 수많은 사회집단들이 침투하는 미국의 무역정책 결정과정은 더욱 그렇다. 정책 결정과정에 어떠한 행위자들이 어떠한 자원과 영향력을 지니고 어떤 목적과 이익을 추구하는지를 면밀히 분석해야만 미국 무역정책의 방향과 내용이 이해될 수 있다.

이러한 중요성을 인식하고 필자는 지난 20여 년간 미국 무역정책의 내용과 결정과정에 대해 연구해 왔다. 이 책은 그간의 연구물들을 종합, 정리하고 수정한 것이다. 제1장은 미국 무역정책의 거시적 변동을 설명하는 이론적 자원들과 특정한 무역정책의 결정 요인들을 검토하고 분석틀을 제시한다. 제2장은 전자의 시각에서 지난 2백여 년간 미국 무역정책이 어떻게 변화해 왔는가를 설명한다. 제3장과 제4장은 1980년대 이후 변화된 무역 상황에서 새롭게 추구된 두 가지 무역정책, 즉 1988년 종합무역법과 1993년 북미자유무역협정 비준의 입법과정을 분석한다. 제5장은 클린턴 행정부 이래 현재까지 시도된 무역정책들의 흐름을 조망하고 앞으로의 방향을 가늠한다.

이 책의 각 장은 그간 여러 학술지들에 발표한 글들을 수정, 보완하고 일관된 주제로 결합한 결과이다.* 출판을 허락해 준 서울대학교

---

* 「미국무역정책의 진로」, 서울대학교 한국정치연구소, 『한국정치연구』, 제23집 제4호 (2014), pp. 245-268; 「미국무역정책 결정요인에 관한 이론적 고찰: 제도와 행태를 중

미국학연구소, 한국정치연구소, 국제지역원과 세종연구소 및 가톨릭 대학교 아태지역원에 감사드린다. 연구서의 출판에 흔쾌히 응해 주고 탁월한 편집으로 지원해 준 사회평론사 관계자분들에게 감사드리며, 꼼꼼하게 교정작업을 해 준 서울대학교 정치외교학부 박사과정 공민 석 군과 명재석 군에게 고마움을 표한다.

2015년 2월
백창재

심으로」, 가톨릭대학교 아태지역연구원, 『국제정치경제』, 제1권 제1호(1997), pp. 151–170; 「북미자유무역협정 비준의 정치과정에 관한 연구」, 서울대학교 지역종합연구소, 『지역연구』, 제5권 제2집(1996), 43–68; 「보호주의, 자유주의, 수정주의: 미국 무역정책 의 사회적 기반」, 서울대학교 미국학연구소 편, 『미국의 통상정책 결정과정』, 서울대학 교 출판부, 1995, pp. 117–162; 「무역정책의 사회적 기원과 정치적 결과」, 세종연구소, 『국가전략』, 제1권 제1호(1995), pp. 201–208; 「개입과 책임회피의 정치: 미 의회의 대 외경제정책 결정행태에 관한 연구」, 서울대학교 한국정치연구소, 『한국정치연구』, 제4 집(1994), pp. 241–278.

차례

제3장 분석 I: 1988년 종합무역법의 입법과정

제4장 분석 II: 북미 자유무역 협정의 비준과정

제5장 전망: 미국 무역정책의 진로

제1장

이론: 미국 무역정책의 결정 요인

미국 무역정책의 성격과 그 결정과정은 지난 반세기간 큰 관심을 끌어 왔다. 두 가지 이유 때문이다. 우선 현실적 측면을 감안할 때, 미국은 일차대전 이후 경제적 패권국으로 떠올랐음에도 불구하고 보호주의 정책을 지속·강화함으로써 세계 경제의 붕괴에 일조했다고 평가된다. 반면, 이차대전 이후에는 세계 자유무역질서를 창출하는 명실상부한 패권국의 기능을 수행했다. 즉 경제적 패권국의 지위를 감안할 때 미국 무역정책의 향방은 곧 세계 경제와 각국 경제에 결정적인 영향을 미쳐왔던 것이다. 1980년대 들어 미국의 경제적 쇠퇴가 두드러졌음에도 불구하고 미국 무역정책의 변화가 몰고 온 파장은 오히려 더 심각해졌고, 이는 우루과이 라운드와 WTO 체제로 현실화되었다. 세계화가 심화되고 세계 경제에서 힘의 이동이 일어나고 있는 현재에도 미국 무역정책의 향방과 그 영향은 아무리 강조해도 지나침이 없다.

　미국 무역정책에 대한 이해가 이처럼 현실적 중요성만을 지니고 있는 것은 아니다. 사실 한 나라의 대외 경제정책 및 그 결정과정에 관

한 분석은 경제학, 국제정치경제학, 비교정치학 등 여러 분야의 관심
대상이 되어 왔다. 한 국가의 대외 경제정책을 일반화하여 설명하려는
'거대이론'(grand theory)에서부터, 특정 정책 분야의 행태를 설명하
기 위한 '중간범주 이론'(middle range theory), 그리고 특정 사례를 분
석하기 위한 다수의 모델들이 개발되어 왔던 것이다. 미국 무역정책의
사례가 이런 노력들의 중심에 있어 왔음은 물론이다. 또한 미국 내정
분야에서도 무역정책은 의회와 이익집단 및 행정부 간의 관계를 연구
하는 데 소중한 사례로 취급되어 많은 연구가 이루어져 왔다.

그러나 기존 이론들이나 시각 혹은 접근법들이 미국 무역정책과
대외 경제정책 전반을 충분히 설명해 주지 못한다는 것이 지배적 평가
이다. 무역정책을 포함한 대외 경제정책은 그 속성상 국내정책과 외교
정책의 연결선상에 위치하고 있고 경제정책적 목표와 국내 정치적 고
려 및 국가안보의 문제와도 맞물려 있으므로, 이슈가 어떻게 규정되느
냐에 따라 결부된 이익과 참여하는 세력, 그리고 정책 결정과정의 양
태가 변화할 수 있다. 따라서 동일한 변수의 중요성이 사례에 따라 달
라지기도 한다. 이런 점에서 이론 수립의 가능성 자체에 의문이 제기
되기도 한다.[1] 그럼에도 불구하고 다양한 분석수준에 있는 각각의 변
수들을 확인하여 통합하고, 기존 연구들에서 확인된 각 변수들의 상대
적 중요성을 조건 지우는 제3의 변수를 발견하려는 노력이 지속되고
있다.[2] 이 장에서는 먼저 기존 연구들이 확인해 온 미국 무역정책의 근

---

1   Stephen D. Cohen, *The Making of United States International Economic Policy:
    Principles, Problems, and Proposals for Reform,* 3rd ed., Praeger, 1988, ch. 8.
2   Benjamin Cohen, "The Political Economy of International Trade," *International
    Organization,* 44: 2(1990), pp. 269-270; G. John Ikenberry, "Conclusion: An Insti-
    tutional Approach to American Foreign Economic Policy," *International Organiza-
    tion,* 42: 1(1988), pp. 241-243.

원, 혹은 결정인자들을 살펴보고, 이들의 관계를 결정할 분석틀을 모색해 본다.

I. 구조적 요인들

세계 경제와 무역질서의 성격이 변화한다거나 상대적 경제력의 분포가 변화하는 것과 같은 국제 무역체계의 구조적, 물리적 요인들이 한 국가의 대외 경제정책을 결정한다는 시각은 오랜 역사를 지니고 있다. 예컨대 특정 국가가 비교우위가 큰 경우 자유무역을 선호하고 경쟁력이 떨어질 경우 보호주의를 선택하게 된다는 해석은 우리의 일상적 사고에서부터 대중매체와 학문적 논의에 이르기까지 당연시되곤 했다. 이러한 설명은 국제정치학과 국제정치경제학 분야에서 지배적 위치에 있어 왔는데, 특히 미국 학계의 경우, 이차대전 이후의 정치·경제적 상황과 맞물려 국제체계 수준의 구조적 변수들이 더욱 강조되어 왔다.[3] 그중 대표적 시도로 간주되는 패권안정론(hegemonic stability theory)이 이러한 접근들의 효용성과 한계를 잘 드러내 준다.

　킨들버거(Charles P. Kindleberger)의 개념에 근거한 이 이론은 이차대전 이후의 자유주의 국제무역질서와 미국의 패권(hegemony) 간에 긴밀한 인과관계가 존재한다고 보았다. 즉, 전후 자유무역질서가 미국의 패권에 의해 창출·유지되어 왔으며, 이 질서 내의 패권적 존재로서 미국의 위상이 곧 미국 무역정책을 결정해 왔다는 것이다.[4] 경제

3　Susan Strange, "Cave! hic dragones: a Critique of Regime Analysis," in Stephen Krasner, ed., *International Regime*, Cornell University Press, 1983, pp. 337–354.

4　패권안정론에 대해서는 백창재, 『미국 패권 연구』, 인간사랑, 2009를 참조하라.

력에 있어서 압도적인 위치를 점하고 있는 패권국은 개방적 국제 경제 질서에서 가장 큰 이득을 얻으므로 자유무역질서를 창출하려 한다. 대표적 예가 19세기 중반의 자유무역질서를 선도한 영국과 이차대전 이후 GATT 질서를 창출한 미국이다.

그러나 크래스너의 경험적 분석에서 잘 드러났듯이,[5] 패권적 지위 혹은 패권적 힘의 분포라는 물리적 조건과 무역정책 간에는 단선적인 인과관계가 있는 것이 아니다. 세 가지 개연성을 상정할 수 있다. 첫째는 19세기 중반의 영국과 이차대전 이후 미국의 사례와 같이 직접적인 인과관계가 작동한 경우이다. 둘째는 전간기 미국의 경우와 같이 물리적 조건이 의미 있는 직접적 영향을 미치지 못한 경우이다. 일차대전 이후 미국은 경제력에 있어서는 명실상부한 패권국의 지위에 올랐으나 여전히 가장 보호주의적인 노선을 추구했던 바 있다. 패권적 지위라는 물리적 조건에 의해 미국의 국가 이익이 변화되지 않았던 것이 아니라, 다른 요인에 의해 기존 정책이 답습되었던 것이다. 마지막으로 1970년대 이래 미국 무역정책의 경우, 물리적 요인의 영향은 직접적으로 작용했으나 그 효과는 기존의 예측과는 반대 방향으로 나타났다. 1970년대 이래 미국의 상대적인 경제력 우위가 쇠퇴함에 따라 자유무역질서를 유지하려는 미국의 능력과 동기 역시 감퇴될 것이라고 보았다. 그러나 이러한 예측은 적중하지 않았다. 세계 무역질서는 일련의 다자협상을 통해 더욱 자유화되었고, 미국 무역정책 역시 최소한 포괄적 정책(generic policy)에 있어서는 자유무역의 확대를 추진해 왔던 것이다.[6]

---

5   Stephen D. Krasner, "State Power and the Structure of International Trade," *World Politics*, 28: 2(1976), pp. 317–347.

6   이에 따라 이후의 논의들은 왜 국제체계의 변화와 개별국가의 행태 사이에 괴리가 존

다시 말해 국제 무역체계의 구조적, 물리적 변화는 미국 무역정책을 설명하는 데 있어서 가장 기본적인 고려 대상일 수밖에 없다. 단, 양자 간의 인과관계는 단선적이고 결정론적이라기보다는 역동적이고 복합적인 것이며, 그 영향의 상당 부분이 국내 정치과정을 통하여 전달된다. 국제체계의 변화는 국내 정치 세력과 정책 결정 참여자들의 이해관계와 세력분포 및 전략적 대응방법을 변화시킴으로써 정책의 변화를 유도하지만, 대응방법으로서의 특정 정책이 선택되어지는 것과 그 특정 정책의 궁극적 산물, 즉 구체적 내용과 속도, 집행의 유형 등은 이들 간의 갈등, 협상의 과정에서 결정되는 것이다.[7] 더욱이 국제체계의 변화가 급격하지 않은 경우나 그 변화의 영향이 일방적(unidirectional)이지 않은 경우의 특정 무역정책을 이해하기 위해서는, 국제체계의 변화로부터 그 정책을 유추해내는 것보다는 이러한 변화를 처리해 내는 국내 정치과정에 초점을 두어야 할 것이다.

II. 사회 세력과 정치 연합

국내 정치과정에 초점을 두는 연구들 중 가장 거시적인 접근은 미국 무역정책을 국내 사회 세력들 간의 투쟁의 결과로 해석한다. 즉, 각 사회 세력들은 무역정책에 연관된 특정한 이해를 지니고 있고, 이들 간

재하는가 하는 문제와 패권적 존재가 없는 상태에서도 자유무역질서가 유지되는 이유에 초점을 맞추어 왔다. Beth V. Yarbrough and Robert M. Yarbrough, "Cooperation in the Liberalization of International Trade: After Hegemony, What?" *International Organization*, 41: 1(1987), pp. 1-26.

7   Vinod K. Aggarwal, *Liberal Protectionism: The International Politics of Organized Textile Trade*, University of California Press, 1985.

의 정치적 대립의 결과에 따라 미국 무역정책이 결정된다고 보는 것이다. 사회 세력 접근은 다음 두 가지 관점으로 구성된다. 우선, 세계 경제와 미국 경제의 성격과 같은 구조적·물리적 변수에 따라 미국 내 사회 세력들의 이해관계가 변화하며, 이들 간의 대립과 연합에 의해 미국의 포괄적 무역정책의 장기적·전체적 성격이 규정된다고 본다. 구조적 변수들이 직접적으로 미국 무역정책을 결정하는 것이 아니라 이에 의해 각 사회 세력들의 요구(preference)와 전략(strategy)이 형성되고, 이들 간의 정치적 연합과 대립의 결과에 따라 미국 무역정책의 '틀'이 규정된다고 보는 것이다. 또한 국가나 각 이익집단들의 영향력은 단기적 정책이나 산업 부문별 정책의 경우 결정적인 요소일 수 있으나, 장기적 변화 추세와 포괄적 정책이 수립되는 선택의 '폭'은 이들보다는 사회 세력의 성격에 의해 결정된다고 본다.

이러한 시각에서 시도된 가장 야심적인 이론화로 생산요소 부존론(factor endowment theory)에 기반을 둔 로고스키(Ronald Rogowsky)의 모델을 들 수 있다.[8] 주지하듯이 스톨퍼-새뮤엘슨 정리(Stolper-Samuelson theorem)는 한 나라의 무역을 그 나라가 지니고 있는 생산요소의 양으로 설명한다. 한 나라는 무역에 있어 자신에게 상대적으로 풍부한 생산요소를 집약적으로 사용하여 생산하는 재화를 수출하고 상대적으로 빈곤한 생산요소가 집약적으로 사용되는 재화를 수입하게 된다는 것이다. 따라서 무역량의 증대는 필연적으로 풍부한 생산요소의 보유자에게 혜택을 가져오고 희소한 생산요소의 보유자에게 불리하게 작용하는 반면, 무역량의 축소는 상대적으로 희소한 생산요소의 보유자들의 이익이 된다. 로고스키는 여기서 자신의 무역정

---

8   Ronald Rogowsky, *Commerce and Coalitions: How Trade Affects Domestic Political Alignments,* Princeton University Press, 1989.

치 모델을 추론한다. 우선 이같이 변화하는 무역 상황에서 혜택을 받는 세력은 혜택을 유지 혹은 확대하려 할 것이므로 무역 상황의 변화를 지속시키거나 가속화하려 할 것이다. 반면 이러한 변화의 피해 세력들은 변화를 늦추거나 회귀시키려 할 것이다. 이 세력들은 무역정책상의 선호에 따라 유사한 선호를 지닌 세력끼리 연합(coalition)을 이루게 되고 이 연합에 의해 정치적 균열구조(cleavage structure)가 형성된다. 이러한 상황에서 변화의 혜택, 즉 소득이 증대된 세력은 증대된 경제력에 비례하여 정치적 영향력도 증대될 것이며, 이들이 지배적 정치 연합을 이루고 자신의 이익에 부합되는 무역정책을 추진하게 된다.

로고스키는 이처럼 간단한 모델로 고대 로마시대부터 이차대전 후 미국의 무역정책과 정치적 균열구조를 설명할 수 있다고 제안한다. 예컨대 19세기 후반 산업화의 초기에 있던 미국의 경우, 토지는 풍부한 생산요소였고 자본과 노동은 희소한 요소였으므로 무역의 확대가 자본과 노동에 불리했던 반면 농업에는 유리했다는 것이다. 따라서 당시 미국의 무역정책은 자본과 노동의 연합이 농업과 갈등하는 국면으로 이해할 수 있으며, 정치적 갈등의 결과 농업이 패배함으로써 20세기 초반까지 보호주의 정책이 구축되었다고 설명할 수 있다.

로고스키의 모델은 세계 무역이 확대 혹은 수축되던 18-20세기의 각국 무역정책과 정치 연합의 성격을 설명함에 있어서, 그리고 특히 미국 무역정책의 사회적·정치적 기반이 변화하는 과정을 설명함에 있어서 유용한 시각을 제시해 준다. 더욱이 그의 모델은 자본, 노동, 토지의 세 생산요소의 풍부/희소라는 극히 단순한 변수로 당시 서구의 정치체제의 성격과 정책결과의 복잡성을 설명하고 있다. 그러나 로고스키 모델은 이러한 경제성(parsimony)에도 불구하고, 혹은 이로 인해 몇 가지 중대한 문제점을 드러내고 있다. 생산요소의 풍부/희소 여부를 측정하는 방법론적 문제를 차치하더라도 이 모델의 가장 중대한 오류는 이차대전 후 미국의 노동에 관한 그의 분석에서 발견된다. 그의 모델에 따르면 당시 미국은 노동이 희소했으므로 이차대전 후의 무역 확대기에 미국 노동은 당연히 보호주의적 정책을 요구했어야 했다. 그러나 실제 노동은 뉴딜 연합의 강력한 축으로서 적어도 30년에 걸쳐 자유주의 정책을 지지해 왔다.

이러한 오류는 어디에 기인하는가? 밀포드(Paul Milford)가 지적하듯이, 로고스키 모델의 설명 변수가 무역에 연관된 사회 내 이해관계를 제대로 분류하지 못하고 있기 때문이다.[9] 즉 로고스키는 노동, 자본, 토지의 삼대 생산요소로 무역과 연관된 이해관계를 분류할 수 있다고 간주했으나, 실제 무역에 연관된 이해는 이보다 훨씬 복잡하다. 예컨대 노동의 경우 미국 경제 전체의 경우에는 부족한 생산요소일 수 있으나, 산업 부문별로 그리고 숙련도의 정도에 따라 상이할 수 있는 것이다. 따라서 이차대전 이후 무역 확대기의 상당 기간 미국은 노동 집약적 산업 부문의 비숙련 노동은 상대적으로 희소했던 반면 숙련노동은 풍부했으므로, 섬유노조를 비롯한 비숙련 노동은 자유주의 정책에 강력히 반대했으나 당시 노동운동의 주도권을 지니고 있던 숙련 노동은 자유주의 정책을 지지하는 입장을 택했던 것으로 이해할 수 있다. 이는 자본과 토지에 있어서도 마찬가지이다.[10]

로고스키와 달리 거비치(Peter Gourevitch)나 퍼거슨(Thomas

9   Paul Milford, "International Trade and Domestic Politics: Improving on Rogowsky's Model of Political Alignments," *International Organization,* 47: 4(1993), pp. 535–564.

10   Ibid., pp. 551–557.

Ferguson), 프리든(Jeffrey Frieden) 등의 설명은 적용 대상과 시기에
있어서는 제한적이나 로고스키의 오류를 극복하고 있다.[11] 이들은 단
순한 자본, 노동, 농업 삼자 간의 연합에 초점을 두지 않고, 이들 내부
의 다양한 세력들 간에 결성되는 이해관계와 정치 연합의 성격으로
무역정책과 정치체제의 성격을 설명한다. 예컨대 소위 '1896년 체제'
(system of 1896)[12]로 일컬어지는 공화당 패권기는 국내파 자본과 근
교농업, 그리고 노동 등 보호주의 세력으로 결성된 정치 연합이며, 이
에 대항했던 자유주의적 곡물농업과 급진 노동운동 세력이 1890년대
에 패배함으로써 이후 1920년대까지의 보호주의적 체제가 수립, 유지
되었다는 것이다.[13] 마찬가지로 1930년대 이후 추진되기 시작한 자유
주의 정책은 국제파 자본과 노동이 중심이 된 뉴딜 연합이 대공황이라
는 위기 상황에서 기존의 국내파 자본 중심의 정치 세력에 승리를 거
둠으로써 가능했고, 이후 이들의 패권기가 계속됨에 따라 미국의 전후
자유주의 정책이 확대되었다고 설명한다. 무역에 얽힌 이해관계는 자
본, 노동, 농업의 단순한 삼분법적 구도로 형성되는 것이 아니라, 이들
내부의 다양한 분파적 이익(sectoral interests)에 영향을 주며, 정치 연
합 역시 이러한 분파적 이익들 간에 이루어진다는 것이다.

　로고스키 모델이 지닌 또 하나의 근본적인 문제점은 그가 무역 이
슈의 결정력 혹은 적실성(salience)을 과장하고 있다는 점이다. 과연

11　Peter Gourevitch, *Politics in Hard Times: Comparative Responses to International
　　Economic Crises,* Cornell University Press, 1986; Thomas Ferguson, "From Nor-
　　malcy to New Deal: Industrial Structure, Party Competition, and American Public
　　Policy in the Great Depression," *International Organization,* 38: 1(1984), pp. 41–
　　94; Jeffrey Frieden, "Sectoral Conflict and Foreign Economic Policy, 1914–1940,"
　　International Organization, 42: 1(1988). pp. 59–89.

12　Ferguson, "From Normalcy to New Deal," p. 43.

13　Gourevitch, *Politics in Hard Times,* pp. 105–113.

무역정책에 관련된 갈등은 항상 정치 세력을 재편할 만큼 강력한 것인가? 미국의 경우, 이에 대한 대답은 긍정도 부정도 아니다. 식민 시대 이래 최근까지 미국 정치 세력의 재편에 있어 무역 이슈는 핵심적 요인으로 작용한 경우도 있고 별다른 영향을 미치지 않은 경우도 있으며, 또 어떤 사회 세력에게는 사활적(vital) 이슈였던 반면 다른 세력들에게는 부차적인 이슈였던 경우도 있는 것이다.

정치 연합의 형성과 무역 이슈 간의 관계를 단선적으로 상정하는 것은 단순히 이론의 경제성을 확보하기 위해 현실을 단순화하는 것 이상의 오류를 범할 수 있다. 예컨대 특정 정치 연합이 무역정책상의 선호를 중심으로 형성된 경우 이 연합이 해체 혹은 변화되는 데에는 무역구조의 변화가 전제조건이 될 것이다. 그러나 무역 이슈가 대다수에게 부차적으로 작용하여 결성된 정치 연합이라면 무역 이외의 변수에 따라 변화될 것이다. 또한 정치 연합에 참여한 사회 세력들에 따라 무역 이슈의 적실성이 다르다면, 즉 한 사회 세력은 무역정책상의 선호에 따라 참여했고 다른 사회 세력은 무역정책 이외의 이슈 때문에 참여했다면, 무역정책의 측면에서 볼 때 이 정치 연합은 불안정할 것이고, 다양한 변수가 다양한 변화를 가져올 수 있다. 따라서 정치 연합의 형성과 무역 이슈, 그리고 그 적실성 간의 복합적 관계가 파악되어야 이 연합들의 변화와 이에 따른 무역정책의 변화가 이해될 수 있을 것이다.

마지막으로 논의할 문제는 지배적인 사회 세력, 정치 세력과 무역정책의 성격이 일치하지 않는 현상에 관한 것이다. 예를 들어 1920년대에 이르러 자유무역에 대한 이익이 급증하고 국제주의 세력이 강화되었음에도 불구하고 미국 무역정책의 보호주의적 경향은 강화되었고, 1930년대 초반에 이미 보호주의 정치 연합이 붕괴되었음에도 불구하고 보호주의 정책이 유지되었다. 반면에 1890년대 보호주의 연합과 자유주의 연합 간의 대결이 보호주의 연합의 승리로 끝나자 미국 무역정책은 즉각 보호주의가 강화되는 방향으로 전개되었다. 이러한 '지체현상'(lag)[14]은 제도론자들의 논의를 원용하여 설명할 수 있다. 즉, 지배적 정치 연합이 수립된 후 이들에 의해 무역정책과정을 장악하는 정책 연합(policy coalition)이 형성되며 이를 뒷받침해 줄 새로운 제도적 기반이 창출된다. 역으로, 지배적 연합이 붕괴되었어도 새로운 정책 연합과 제도적 기반이 마련될 때까지 무역정책상의 구 지배연합과 구 제도가 지속됨으로써 무역정책의 변화가 억제될 수 있다. 사회 세력, 정치 연합, 정책 연합, 그리고 제도 간의 불일치로 인해 지체현상이 야기되는 것이다. 1890년대의 경우 이들간의 일치로 지체현상이 일어나지 않았고, 1920-30년대의 경우는 이들간의 불일치로 인해 상당 기간 지체현상이 일어났다고 볼 수 있다.

III. 이익집단 정치

대외 경제정책에 대한 사회로부터의 압력을 강조하는 연구들 중 미시적 접근은 무역과 연관된 이익집단들의 영향력에 초점을 맞춘다. 경제학자들은 물론 정치학자들 중 상당수도 보호주의 정책의 원인을 이익집단 정치에서 찾아 왔다. 미국과 같이 사회 내 이익집단들이 잘 발달되어 있고 정치과정에 대한 많은 접근점(access points)을 지닌 개방된

---

14 Krasner, ed., *International Regimes;* David A. Lake, "International Economic Structures and American Foreign Economic Policy, 1887-1934," *World Politics,* 35: 4(1983).

정치체제는 필연적으로 이익집단들로부터 강력한 압력을 받을 수밖에 없다. 더욱이 통상정책과 같이 연관된 이익이 즉각적이고 가시적인 경제적 이익의 성격을 지녔을 경우 이익집단 활동의 강도와 폭은 더욱 클 수밖에 없고, 따라서 정책결과가 이익집단 정치에 의해 결정될 가능성이 보다 많아진다. 이익집단 정치나 의회에 관해 지금까지 이루어진 많은 연구들이 무역정책의 사례들을 분석하여 왔던 것은 이러한 맥락에서 이해할 수 있다. 즉, 이익집단의 활동이 가장 왕성하고 그 영향력이 가장 큰 정책 영역이 무역정책이며, 이에 대한 분석을 통해 이익집단 정치의 속성을 규명하고 그 영향을 평가하려 했던 것이다.

주지하듯이 이러한 시도의 선구적 업적은 일찍이 샷슈나이더(E. E. Schattschneider)에 의해 이루어졌다.[15] 최악의 보호주의를 낳은 스무트-홀리 관세법(Smoot-Hawley Tariff Act)의 입법과정을 분석하면서 샷슈나이더는, 정책의 혜택은 소수에 집중되어 있으나 그 비용은 다수에 분산되어 있는 통상정책의 속성, 따라서 보호주의 집단들의 활동은 왕성하나 반(反)보호주의 세력은 동원되기 힘든 이익집단 정치의 성격, 이익집단의 힘과 전문성이 정책 결정자의 전문성과 독자성을 압도할 수밖에 없는 정책과정의 성격 등이 스무트-홀리의 참사를 낳았다고 지적했다. 그의 결론을 일반화시킨다면, 미국 무역정책 결정과정은 보호주의자들에 의해 독점될 수밖에 없고, 결국 보호주의자들의 요구가 지배적인 결과를 낳을 수밖에 없을 것이다.

반세기가 넘는 동안 축적된 많은 경험적 연구들은 샷슈나이더의 결론을 강화시켜주기도 했고 부정하기도 했다. 우선 주로 계량적 분석을 동원한 많은 연구들은 선거에서의 지지표와 선거자금으로 나타나

15　Schattschneider, *Politics, Pressure, and the Tariff*, Archon Books, 1963.

는 이익집단들의 힘이 무역법안에 대한 의원들의 투표성향을 결정하는 가장 강력한 요인임을 밝히고 있다.[16] 반면, 의회의 정책 결정과정에 대한 경험적 연구들과 미국 무역정책에 대한 거시적 분석들은 이익집단의 결정력이 과장되었다고 평가한다. 예컨대 1960년대 미국 무역정책과 이익집단들(특히 기업들)의 관계에 대해 종합적인 경험적 분석을 한 바우어(R. A. Bauer) 등은 "이익집단은 단지 승객용 좌석에 있을 뿐, 운전석에서 핸들을 쥐고 있는 것은 바로 의원들이라는 사실"을 발견했다.[17]

이러한 차이는 단순히 시각과 해석상의 문제일까? 로위(Theodore Lowi)는 무역정책의 성격이 변화된 것이 그 원인이라고 설명하였다.[18] 즉, 스무트-홀리 관세법이 제정되던 당시의 무역정책은 분배적 성격을 강하게 띠고 있었던 반면, 1950-60년대의 무역정책은 규제적 정책으로 변화되었다는 것이다. 이같이 정책의 성격이 변화함에 따라 정책과정에서 이익집단과 정책 결정자 간의 관계가 변화했고, 정책결과 역시 이를 반영하게 되었다는 것이다. 1920년대까지 미국 무역정책이 보호주의 혜택을 각 기업과 산업 부문에 나누어 주던 것이었던 반면, 이차대전 후에는 세계 자유무역질서를 창출·유지한다는 목적하에 국내의 보호주의 요구를 통제하는 것이었다는 점을 로위는 간파했던 것이다.

---

16 이에 관해 Stephen Magee & Leslie Young, "Endogenous Protection in the United States, 1980-1984," in Robert Stein, ed., *U.S. Trade Policies in a Changing World Economy*, MIT Press, 1988 등을 참조하라.

17 R. A. Bauer, I. Pool, & L. A. Dexter, *American Business and Public Policy: The Politics of Foreign Trade*, Alldine, 1963.

18 Theodore Lowi, "American Business and Public Policy: Case studies and Political Theory," *World Politics*, 16: 4(1964), pp. 677-693.

즉, 이익집단이 영향력을 행사하려는 정책 대상의 성격이 변화하고 정책 결정체계의 성격이 변화하며 따라서 이익집단이 활동하는 환경 자체가 변화하게 된 것이다. 무역정책은 더 이상 단순히 관세를 책정하여 보호주의 혜택을 나누어 주는 것에 국한되지 않으며, 이에 결부된 이익도 보호주의적 집단들에 한정되지 않는다. 이같이 이익집단이 움직이는 정치적, 경제적, 제도적 환경이 변화함에 따라 이익집단의 활동과 그 영향력 역시 변화될 수밖에 없다.

따라서 특정한 부문별(sectoral) 정책에만 기반을 두고 이익집단의 영향력을 측정하려 들 경우 자칫 과대평가의 우를 범하기 쉽다. 예컨대 철강제품에 대한 반덤핑 관세(antidumping duties) 부과 여부를 결정한다거나 수출자율규제(Voluntary Export Restraints: VER) 연장 여부를 결정할 경우 철강업계의 영향력이 상당할 수밖에 없다. 이 사안 자체만은 통상 커다란 정치적·경제적·외교적 악영향을 가져오지 않고, 또 철강업계와 노조의 정치적 영향력을 무시하기 어렵기 때문이다. 그러나 이 사례를 일반화하여 이익집단의 영향력이 무역정책의 내용을 결정할 정도라고 평가할 수는 없다. 부문별 정책에 있어서도 많은 경우 이익집단의 요구가 그대로 수렴되지는 않으며, 더욱이 포괄적 정책에 있어서는 반증이 훨씬 많기 때문이다.

이러한 분석들은 또한 무역정책 결정과정에서 수요의 측면에만 몰두함으로써 이익 표출과 정책 산출을 동일시한다. 만일 완벽한 배분적 상황(distributive politics)에서 통나무 굴리기와 떡고물 나누기(logrolling and pork barrel) 식 정책 결정이 이루어진다면, 정책 산출은 결정에 참여한 개별 이익들의 집합이 될 수도 있을 것이다. 스무트-홀리 당시의 무역정책이 유사한 예라고 볼 수 있다. 그러나 강력한 이익집단이 영향력을 행사하는 특정 부문에 대한 개별 정책에서조차 이익집단의 요구가 그대로 정책결과로 이어지는 경우는 극히 드물다. 경쟁적 집단이 동원되는 경우도 있고, 정책 결정자들이 이들의 요구를 거부하거나 변환시킬 수 있는 여러 가지 대안을 찾아낼 수 있기 때문이다. 특정 집단이 압도적 영향력을 행사하기 어려운 포괄적 무역정책에 있어서는 이러한 측면이 더욱 두드러진다. 무역정책의 산출과 수요 사이에는 정책 형성과정이 존재하며 이 과정은 특정 정책에 대한 수요를 자동적으로 산출로 연결하지는 않는 것이다.

　미국 의회에 관한 그간의 경험적 연구들 역시 이익집단에 의한 결정론적 해석을 기각해 왔다.[19] 이러한 연구들이 공통적으로 발견한 점에 따르면, 이익집단의 활동이라든가 유권자에 대한 의식은 의원과 의회의 정책 결정 행태를 설명하는 한 인자에 불과하다. 상황에 따라 정당이나 소속 위원회, 의회 자체의 이해(interest)가 훨씬 중요하게 작용하기도 하며, 전문가 동료(expert peer)의 견해나 각자의 판단에 따라 '훌륭한 정책'(good policy)을 수립하려는 동기도 의원의 행태를 결정하는 중요한 요인이 된다. 이렇게 볼 때, 이익집단의 압력은 정책 결정과정의 중요한 한 투입요인으로 처리하는 것이 타당할 것이다.

IV. 국가 중심적 접근

무역정책의 투입 요인들에 초점을 둔 설명들에 반대되는 것이 국가 중심적 접근으로, 대외 경제정책을 수립·집행하는 데 있어서 국가의 역할과 그 상대적 자율성을 파악하는 데 치중한다. 이 접근은 국제정치

19　무역정책 결정과정에서 의회와 이익집단 간의 관계를 분석한 대표적인 선구적 연구로 Bauer, *et al.*, *American Business and Public Policy*, Alldine, 1972 참조.

학의 뿌리 깊은 현실주의에 기반을 두고 있는 것으로, 국가가 어떻게 사회 세력들에 대해 독립적으로 대외 경제정책 목표를 추구해 나갈 수 있는지를 보여 준다.

대외 경제정책에 있어서 국가의 독자성은 크게 다음 두 자원을 통해 가능해진다. 첫째, 국가는 제도와 권력구조를 재정비함으로써 사회 세력의 압력에 저항할 수 있다. 예컨대 스무트-홀리 직후 새로운 무역법(Reciprocal Trade Agreements Act of 1934)을 통해 의회의 관세 책정권을 행정부로 이양함으로써 무역정책기구가 사회집단으로부터 오는 통제불능의 압력에서 벗어날 수 있었던 것이라든가,[20] 무역위원회(International Trade Commission: ITC)를 창설하여 수입피해구호(import relief) 결정을 준사법적(quasi-judicial) 규칙과 절차를 거치도록 함으로써 보호주의자들의 정치적 압력을 제거할 수 있었던 것 등이 국가의 이러한 능력을 보여 준다.

둘째, 국가는 이슈의 성격을 바꿈(redefine)으로써 사회 세력의 압력을 피할 수 있다. 예컨대 동서무역(East-West trade) 문제에 있어 국가는 아무런 심각한 도전도 없이 정책을 추진해 올 수 있었는데, 이는 동서무역의 문제가 안보의 문제로 재규정되어 왔기 때문이다.[21] 또한 국가는 정책목표에 심각한 도전을 해오는 집단과 경쟁관계에 있는 집단들을 동원할 수 있고, 자신의 목표를 지지하는 세력을 동원 혹은 창출할 수도 있다. 잘 알려진 예로 존슨 행정부는 당시의 다자 협

---

20   Stephan Haggard, "The Institutional Foundations of Hegemony: Explaining the Reciprocal Trade Agreement Act of 1934," *International Organization*, 41: 3(1987), pp. 491-517.

21   Michael Mastanduno, "Trade as a Strategic Weapon: American and Alliance Export Control Policy in the Early Postwar Period," *International Organization*, 42: 1(1988), pp. 121-150.

상, 즉 케네디 라운드(Kennedy Round)에 대한 지지를 동원하기 위해 대규모 다국적 기업들로 구성된 ECAT(Emergency Committee for American Trade)이 창설되도록 했는데, 이후 ECAT은 행정부의 자유주의적 정책에 대한 강력한 후원자의 역할을 해 왔다. 국가론적 시각에 따르면, 비교적 내적으로 취약한 미국의 국가도 이러한 수단을 효과적으로 사용함으로써 전후의 자유무역정책을 고수해 올 수 있었다는 것이다.

이러한 주장은 미국 정치 분야의 많은 실증적 연구에 의해서도 뒷받침된다. 우선 외교정책에 있어서 대통령의 권한은 이차대전 이래 거의 도전을 받지 않을 정도로 막강했다.[22] 따라서 무역 이슈라 할지라도 그것이 미국의 외교·안보적 고려와 직간접으로 연관되게 재규정되면 백악관과 국무부의 영향력은 절대적일 수 있었다. 또한 전통적으로 이익집단의 포로로 묘사되어 왔던 의회도 단순히 '선거의 고리'(electoral connection)에 의해 움직이는 것은 아니라는 사실도 밝혀지고 있다.[23] 특히 의회의 지도층이나 무역정책을 담당하는 하원 세입위원회(Ways and Means Committee)와 상원 재무위원회(Finance Committee) 등 핵심 위원회 구성원들의 경우 '훌륭한 정책'(good policy)을 수립하는 것이 보다 중요한 정책 결정 동기이다.

그러나 '국가'의 행태로 대외 경제정책을 설명하거나 가장 단순한 수준에서 국가 대 사회의 관계를 설정하는 접근들은 여러 가지 문제를

---

22 이에 대한 선구적인 연구로 Aaron Wildavsky, "The Two Presidencies," *Trans-Action*, Vol. 4(1966)를 참조하라.

23 '선거의 고리'에 대한 선구적 연구로 David Mayhew, *Congress: The Electoral Connection*, Yale University Press, 1974를 참조. 이에 반대되는 주장을 담고 있는 고전적 연구로는 R,chard Fenno, Jr., *Congressmen in Committees*, Little, Brown, 1973을 참조하라.

지니고 있다. 우선 국가의 개념이 모호하여 경험적 분석의 경우 국가
의 실체를 규정하기가 어렵다.[24] 동일한 정부기구가 경우에 따라 국가
의 일부로 규정되기도 하고 사회적 행위자로 취급되기도 하며, 분석자
의 편의에 따라 백악관과 국무부만이 국가를 구성하기도 하고, 외교정
책 결정에 연관되는 모든 기구가 국가를 구성하기도 하는 것이다. 반
면에 통상 외교정책과는 거리가 먼 재무부가 '국가'의 국제 경제정책
일반과 무역정책 수립에 큰 몫을 담당하는 것도 국가의 개념을 더욱
모호하게 만든다.

국가 중심적 접근은 또한 국가를 '국가 이익'을 추구하는 '단일주
체'로 상정하는데, 국가 이익 혹은 국가의 정책목표가 어떻게 형성되는
지를 설명하지 않는다. 어떤 경우 무역정책에 있어서 국가의 정책목표
는 오직 외교적 고려이며 경제적 이해관계나 국내 정치적 고려는 제외
된다.[25] 그러나 적어도 존슨 행정부 혹은 닉슨의 초임 이래로는 이러한
관점이 타당하지 않다. 혹자는 자유무역주의 이데올로기에 대한 행정
부의 전통적 신봉이 정책목표의 근원이라고 보기도 한다.[26] 루즈벨트
행정부의 자유주의 정책과 당시 국무장관 헐(Cordell Hull)의 자유주
의에 대한 신봉을 연관지을 수는 있으나, 그 후 반세기 이상 지속되고
있는 미국의 자유주의 정책이 이에 수반된 경제적·정치적 이해와 무
관하게 오직 이데올로기로부터 근원된다는 주장은 납득하기 어렵다.

24   Peter Cowhey, "'State' and 'Politics' in American Foreign Economic Policy," in
     John O'Dell and Thomas D. Willet, eds., *International Economics and Political
     Science*, University of Michigan Press, 1990, pp. 225-252.

25   David Lake, "The State and American Trade Strategy in the Pre-hegemonic Era," *In-
     ternational Organization*, 42: 1(1988), pp. 33-58.

26   Judith Goldstein, "Ideas, Institutions, and American Trade Policy," *International
     Organization*, 42: 1(1988), pp. 179-217.

혹은 국제체계와 그 안에서 차지하는 국가의 위상으로부터 국가 이익을 상정하고 여기로부터 국가의 정책목표가 도출될 수 있다고 보기도 한다.[27] 이러한 시각 역시, 문제가 인식되고 정책목표가 형성되고 대안이 탐색되는 국내 정치과정을 공동화(black-boxing)하게 된다. 즉, 국가 이익이 누구에 의해 어떻게 인식, 형성되며 이것이 어떤 방법으로 '국가 이익'으로서 정당성을 획득하는지를 밝히지 못하는 것이다.

국가론적 접근이 미국 무역정책 분석에 적용될 경우 쉽게 발견되는 문제로는 이외에도 여러 가지가 있다. 우선 정치과정에서 차지하는 선거의 비중을 간과한다. 미국 정치체계와 같이 권력의 분산이 개인의 차원까지 존재하고 행정부와 의회의 권력분립에 정당 간의 경쟁이 중첩되는 경우에는 선거에 대한 고려가 정책 결정의 중요한 요인이 될 수밖에 없다.[28] 이러한 현상은 단순한 이익집단 모델이나 '국가 대 사회'의 모델로는 쉽게 파악되지 않는다. 둘째, 대부분의 국가론자들은 의회를 '사회 내 특수이익의 압력이 전달되는 창구'로 취급한다.[29] 이러한 가정은 대통령의 지지기반이 전국적인 반면 의원은 각 선거구의 대표인으로서 지역적 이익이나 보다 협소한 특수이익의 대표자라는 점에 기반을 두고 있다. 그러나 입법부로서의 의회는 단순히 특수이익을 통과시키는 역할만을 하는 것이 아니다. 기능론적 시각에 따르면, 의회는 경보적 현상(cry and sigh syndrome)을 통해 종종 보호주의 압력을 희석시킴으로써 전후 자유주의 정책의 수호에 공헌해 왔다고 볼

---

27 Peter Katzenstein, ed., *Between Power and Plenty,* University of Wisconsin Press, 1978; Stephen D. Krasner, *Defending the National Interest: Raw Materials Investment Policy and U.S. Foreign Policy,* Princeton University Press, 1978.

28 Cowhey, "'State' and 'Politics' in American Foreign Economic Policy."

29 대표적인 예로 Lake, "The State and American Trade Strategy in the Pre-hegemonic Era."

수 있다.[30] 또한 의회 내에서 비등하는 보호주의가 의도적으로 행정부
의 대외 협상지위를 향상시켜 주기도 한다.[31] 보다 중요한 점은 무역에
대한 헌법상 권한을 의회가 지니고 있다는 점이다. 스무트-홀리 이래
관세정책 권한을 행정부에 이전함으로써 행정부가 자유무역정책을 일
관되게 추진해올 수 있었던 것은 행정부와 의회 간에 포괄적 무역정책
에 관한 합의가 있었기 때문이며, 만일 이것이 붕괴되면 의회는 언제
든 헌법상 권한을 되찾으려 할 것이다.[32] 실제로 의회가 1970년대 이
래 점차 외교문제에 관한 행정부의 권한을 제한하려 시도하고 있고 포
괄적 무역정책에 있어서도 깊이 간여하기 시작했다. 이러한 점을 고려
할 때 무역정책 결정과정에서 의회의 역할을 사회 내 특수이익의 전달
창구로만 취급하는 것은 중대한 오류를 낳을 수 있다.

  따라서 단일 주체로서 '국가'를 보다 구체적인 분석단위로 해체하
고, 사회적 압력의 전달 창구로만 인식되던 의회의 기능을 확대시켜
보는 것이 필요하다. 무역정책의 경우, 행정부와 의회로 구성되는 정
책 결정 주체를 상정하고 이들 간의 관계와 사회 세력들 간의 관계가
국내 정치과정을 형성한다고 보아야 할 것이다. 결국 이 국내 정치과
정에 의해 '국가 이익' 역시 형성되는 것이고 구체적 정책의 내용과 속
도가 결정된다.

30 Robert A. Pastor, *Congress and the Politics of U.S. Foreign Economic Policy, 1929-
    1976*, pp. 191-199.
31 Pietro Nivola, "Trade Policy: Refereeing the Playing Field," in Thomas E. Mann,
    ed., *A Question of Balance: The President, the Congress, and Foreign Policy*,
    Brookings Institution, 1990, pp. 201-254.
32 Thomas E. Mann, "Making Foreign Policy: President and Congress," in Mann, ed.,
    A Question of Balance.

V. 이슈 영역과 제도

지금까지 논의한 접근들의 공과를 평가하면, 각각의 변수들이 일정한 설명력을 지닌 반면 단순화의 오류 역시 범하고 있다고 할 수 있다. 따라서 이러한 변수들을 통합하고 이들 간의 관계 및 상대적 중요성을 결정짓는 조건이나 변수들을 발견하는 데 최근의 연구들이 초점을 두고 있다. 즉, 의회와 행정부 및 사회집단들이 참여하여 국제체계로부터의 신호와 사회로부터의 압력을 전달받고 처리하는 '장'(場)을 분석해야 한다는 것이다. 요컨대 분석 수준을 한 단계 낮추어 국가 이익이 형성되고 특정 정책이 선택되며 추진되는 정책 결정과정을 분석할 필요가 있다.

지금까지 두 가지 중요한 발전이 이루어져 왔다. 첫째는 이슈의 성격에 따라 정책 결정과정의 성격이 변화한다는 사실을 재발견한 것이다. 로위의 기념비적 연구 이래, 이슈의 성격이 정책 결정과정과 참여자의 행태 및 정책결과에 중요한 영향을 미친다는 사실은 널리 인식되어 왔다.[33] 우선 이슈의 성격은 정책 결정에 참여하는 각 행위자들의 능력과 행태에 여러 가지 방법으로 영향을 미친다. 예컨대 이슈의 성격에 따라 정책 결정의 위치(locus)가 바뀜으로써 각 행위자들이 정책 결정과정에 접근할 수 있는 기회를 제공 혹은 제한한다. 이슈

---

33 Lowi, "American Business and Public Policy," pp. 677–693; Joanne Gowa, "Public Goods and Political Institutions: Trade and Monetary Policy Responses in the United States," *International Organization*, 42: 1(1988), pp. 15–33; Michael T. Hayes, *Lobbyists and Legislators: A Theory of Political Markets*, Rutgers University Press, 1981; William Zimmerman, "Issue Area and Foreign Policy Process: A Research Note in Search of a General Theory," *American Political Science Review*, 67(1973), pp. 1204–1212.

의 난해도 역시 사회집단들이 각자의 요구를 표출하고 지지세력을 확
보하는 데 영향을 미친다. 또한 이슈에 따라서는 전형적인 집합행동
(collective action)의 문제를 야기하기도 한다.[34] 이슈의 성격에 따라
정책 결정자의 행태도 변화된다. 예컨대 비정합(non-zero sum) 상황
에서 각 집단들의 요구들 간에 갈등이 없다면 떡고물 나누기 식의 정
책이 이루어지기 쉬우며, 반면 갈등 관계의 수요와 제한된 공급으로
말미암아 논란이 된 이슈는 정책 결정자의 정치적 부담을 높힘으로써
종종 교착상태에 빠지거나 무결정(nondecision)에 이르거나 '자동화'
(automacity)의 방안으로 해결된다.[35]

　　보다 중요한 발전은 제도론적 접근법에 의해 이루어져 왔다. 제도
론자들은 정책 결정과정과 정책결과에 미치는 제도의 중요성을 재발
견하고, 제도적 구조가 무역정책에 참여하는 사회집단과 정책 결정자
의 목표와 역량에 미치는 영향을 강조한다.[36] 즉, 제도는 모든 참여자가
준수해야 하는 규칙과 절차를 규정함으로써 이들의 목표와 전략을 재
조정하고 특정한 유형의 정책도구와 방식을 제약하거나 가능케 함으
로써 각 참여자의 자원과 역량에 영향을 미친다.

　　무역정책 결정과정의 주요 행위자들, 즉 행정부, 의회 및 사회집
단들의 요구와 자원, 그리고 이들 간의 관계에 영향을 미치는 제도적
요인은 다양한 수준에서 분석할 수 있다. 미국의 경우, 좁게는 반덤핑
관세의 결정 절차에서부터 넓게는 의회와 대통령의 권력 분립, 심지
어 무역정책에 있어 국가와 사회의 역할에 관한 규범적 질서에 이르기

34　G. John Ikenberry, "Conclusion: An Institutional Approach to American Foreign
　　Economic Policy," *International Organization*, 42: 1(1988), pp. 219-243.

35　Hayes, *Lobbysts and Legislators*.

36　다양한 제도론적 접근방식의 일별을 위해 *International Organization*의 특집호, 42: 1
　　(1988)을 참조하라.

까지 여러 수준의 제도적 요인들이 각 행위자들 간의 관계를 규정하고 정책결과에 영향을 미쳤다고 볼 수 있다.

VI. 자유무역정책의 제도적 기반

그렇다면 이차대전 이후 미국이 자유무역정책으로 전환할 수 있게 해준 제도적 기반은 무엇일까? 제도론자들은 크게 세 가지 수준의 제도에 초점을 두어 설명한다. 첫째, 이차대전 이래 반보호주의(anti-protectionism)에 대한 사회적 합의가 이루어지고, 포괄적 무역정책의 수립에 있어서 사회집단과 의회의 역할이 제한되어야 한다는 규범적 합의가 이루어진 것을 들 수 있다. 스무트-홀리와 대공황, 이차대전과 냉전의 개시를 거치면서 포괄적 무역정책은 '국가 이익'의 차원에서, 그리고 외교·안보정책과의 연장선상에서 고려되어야 한다는 사회적 합의가 형성되었던 것이다. 따라서 국지적 특수이익의 침투가 배제되고 행정부 주도의 자유주의 무역정책이 정당화될 수 있었다. 스무트-홀리 시절까지 무역정책이 국내 경제정책의 연장에서 이루어졌고 이에 따라 사회집단이 보호를 요구하는 것이 정당화되었던 것에 비교하면, 이러한 사회적 합의의 변화는 행정부가 사회 내 보호주의 집단들의 경제적 이익을 희생시키면서 자유주의 정책을 유지할 수 있는 능력을 강화시켜 주었다고 볼 수 있다. 반면 사회 내 집단과 의회 내 보호주의 세력들은 포괄적 무역정책에 대한 개입의 정당성을 잃었고, 행정부의 자유주의 정책에 대해 도전할 능력을 상실하게 되었다. 따라서 무역정책에 있어서 이들의 목표는 포괄적 무역정책을 보호주의적인 것으로 선회시키는 것보다는 개별 부문에 있어 보호주의적 혜택을

확보하는 것으로 옮겨가게 되었다. 바우어의 대규모 연구가 발견했듯
이, 당시 유권자로부터 의원들과 기업가에 이르기까지 자유무역 이데
올로기가 압도적으로 우세했고 보호주의적 요구가 금기시되는 사회적
합의가 형성되어 있었다. 무역정책 결정과정에서 행정부, 의회 및 사
회 세력들의 역할에 관한 규범적 질서가 바뀌게 되었고, 이에 의해 행
정부의 절대적 우위가 확보되었던 것이다.[37]

둘째, 보호주의적 혜택의 부문별 분배과정에 대한 사회집단의 영
향력을 규제하는 구체적 규칙과 절차이다. 예컨대 수입피해구호의 배
분을 무역위원회의 준사법적 판정에 따르도록 함으로써 보호주의 요
구가 정치화되어 의회와 행정부에 통제 불가능한 압력이 행사되는 것
을 방지할 수 있었다. 이는 또한 '정당'하다고 판정되는 수입피해구호
에 대한 요구를 제한적으로 인정함으로써 반(反)자유주의 압력이 방
출되는 안전밸브의 역할을 하였다.[38] 이같이 정책과정 자체를 준사법
화하는 것은 사회로부터의 압력이 극심할 경우, 그리고 이러한 요구를
관철시켜줄 때 기대되는 정치적 이익이 정치적 부담에 비해 미미할 경
우 흔히 강구되는 방안이다.[39] 이러한 제도적 변화를 이룸으로써 이익
집단들의 요구가 이들의 정치적 영향력으로부터 독립적인 객관적 기
준에 의해 판단되도록 하고, 따라서 정책결과가 이익집단들의 '힘'에
의해 좌우되는 것을 방지할 수 있었던 것이다.

37 Bauer, *et al.*, *American Business and Public Policy.*

38 Judith Goldstein, "Ideas, Institutions, and American Trade Policy," *International Organization,* 42: 1(1988), pp. 179-217; Judith Goldstein and Stephany Ann Lenway, "Interests or Institutions: An Inquiry into Congressional-ITC Relations," *International Studies Quarterly,* 33(1989), pp. 303-327.

39 R. Kent Weaver, "The Politics of Blame Avoidance," *Journal of Public Policy,* 6: 4(1986), pp. 371-398.

마지막으로 제도론자들이 중시하는 것은 정부 내의 권력 분배 상태, 특히 행정부와 의회간의 권력 분배의 측면이다. 행정부가 보다 큰 범위의 '전체적' 이익에 책임을 지닌 반면 의회는 국지적 이익에 민감하기 때문에, 양자 간의 권력 분배 상태가 결국 무역정책의 결과에 중대한 영향을 미친다는 것이다. 이렇게 볼 때 1934년의 호혜통상협정법(Reciprocal Trade Agreements Act: RTAA)에 의해 관세 책정권이 의회에서 행정부로 이전됨으로써 무역정책에 있어 행정부 우위를 확립한 것이 자유무역정책을 가능하게 만든 중요한 요인이 된다.[40] 즉, RTAA 이후 의회는 정기적으로 행정부에 관세 삭감을 협상할 권한을 부여해 왔고 이 권한에 의해 행정부는 지속적으로 자유무역을 심화시키는 정책을 유지할 수 있었다. 이에 비해 의회는 새로운 무역협상이 개시될 때마다 정기적으로 행정부의 협상 권한을 갱신·연장시켜주는 역할을 했을 뿐, 포괄적 무역정책에 있어 극히 제한된 영향력을 행사하게 되었다. 이익집단 역시 무역정책의 권한이 행정부로 이전됨에 따라 정책과정에 대한 접근 경로가 차단되어 영향력 행사가 봉쇄되었다.

제도론의 시각에서 볼 때 결국 전후 미국의 자유무역정책은 이 세 가지 수준의 제도적 기반에 의해 가능했던 것이다. 즉, 스무트-홀리에서 대공황과 이차대전, 냉전의 개시에 이르는 동안 반보호주의로 이념적 합의가 이루어졌고 RTAA에 의해 무역정책의 권한이 행정부로 넘어가게 된 것, 그리고 보호주의적 압력을 희석시키는 제도적 장치들이 마련된 것이 이후 행정부가 사회 내 보호주의의 압력과 이에 민감한 의회의 저항을 최소화시키면서 자유주의 정책을 유지해 올 수 있게 한 것이다. 물론 대부분의 제도론자들이 인정하고 있듯이, 이러한 제도적

---

40   Haggard, "The Institutional Foundations of Hegemony."

기반에 의해 미국의 무역정책이 보호주의에서 자유주의로 변화한 것
은 아니다. 앞에서 검토한 국제정치, 경제적 구조나 국내 사회 세력의
이해가 보다 근본적인 원인이다. 그러나 사회 내, 그리고 의회 내에 남
아 있는 반자유주의 세력의 압력을 최소화하면서 빠른 속도로 자유주
의 정책이 심화될 수 있었던 것은 이러한 제도적 변화(innovation)에
의해 가능했다고 볼 수 있다. 크래스너의 말을 빌리자면, "외적으로는
강하나 내적으로는 취약한" 미국의 국가로 하여금 이러한 취약성을 극
복하면서 어느 정도의 자율성을 지니고 자유주의 정책을 추진할 수 있
도록 한 행정부의 '리더십'과 의회의 묵인 내지 협조는 이 제도적 기반
에 의해 가능한 것이었다.[41]

VII. 제도적 기반의 변화

그러나 데스틀러(I. M. Destler)가 명확히 지적했듯이, 이러한 제도적
기반은 1970년대 이래 점차 붕괴되어 왔고 1980년대에 이르러 "심각
히 손상되었다."[42] 첫째, 미국 산업의 경쟁력 약화와 무역 상황 악화에
따라 자유주의 정책을 지지하던 이념적 합의가 크게 훼손되었다. 특
정 산업에 대한 보호주의적 혜택이나 포괄적 정책의 보호주의화에 반
대한다는 측면에서는 여전히 합의가 이루어지고 있다고 볼 수 있으나,
그 대안으로서 자유무역에 대한 절대적 신봉은 상당히 약화되었다.

---

41   Stephen D. Krasner, "United States Commercial and Monetary Policy: Unravelling
      the Paradoxes of External Strength and Internal Weakness," in Peter Katzenstein,
      ed., *Between Power and Plenty*, University of Wisconsin Press, 1978, pp. 51-87.
42   I. M. Destler, *American Trade Politics*, 4th ed., Institute for International Econom-
      ics, 2005.

1970년대 중반 이후 퍼지기 시작한 관리무역(managed trade), 전략적 무역(strategic trade), 공정무역(fair trade), 부문별 호혜정책(specific reciprocity) 등은 점차 학계와 첨단 산업을 중심으로 한 산업계, 그리고 노조 등에 정당한 대안으로 인식되었다.[43] 이러한 새로운 형태의 공격적 정책이 자유무역을 대치하여 포괄적 정책의 대안으로 합의를 이룬 것은 아니지만, 상대적으로 자유무역에 대한 합의가 크게 잠식되어 온 것은 사실이다.

둘째, 사회로부터 정책 결정과정에 행사되는 보호주의 압력을 희석하고 차단하기 위한 제도적 장치의 효용성도 약화되었다. 반덤핑 관세에서 상계관세(countervailing duty)에 이르기까지 수입피해구호의 공급을 준사법적 절차에 따르게 한 제도적 장치는 내재적인 한계를 지니고 있었다. 무역 상황이 악화되고 국내 산업의 피해가 커짐에 따라 이러한 제도적 장치에 대한 수요가 급증한 반면 자유주의 정책의 틀 안에서 제공될 수 있는 공급의 양은 제한될 수밖에 없기 때문이다. 골드스틴이 밝혔듯이, 수입피해구호에 대한 요구는 1970년대와 1980년대를 거치면서 크게 증가한 반면, 무역위원회에 의한 긍정적 판정의 수는 증가하지 않았다. 또한 무역위원회의 긍정적 판정에도 불구하고 수입피해구호가 대통령에 의해 거부되는 사례가 많아졌고, 이에 따라 보호주의 집단들은 무역위원회를 통해 개별 부문에 대한 보호주의 정책을 요구하는 방식에 대해 회의적이 되었다.[44] 더욱이 레이건 행정부는 정치적 압력이 강한 철강 산업 등의 부문에 수출자율규제(VER) 등

---

43 Helen V. Milner and David B. Yoffie, "Between Protectionism and Free Trade: Strategic Trade Policy and a Theory of Corporate Trade Demands," *International Organization,* 43: 2(1989), pp. 239-272.

44 Goldstein, "Ideas, Institutions, and American Trade Policy."

의 비공식적인 보호주의적 혜택을 부여함으로써 이익집단들이 다시 '정치화'되는 계기를 제공했다.[45]

마지막으로 자유무역정책의 가장 중요한 제도적 기반으로 평가되어 온 무역정책과정의 권력구조 역시 변화했다. 제3장에서 살펴볼 1988년 종합무역법(Omnibus Trade and Competitiveness Act)의 입법과정에서 드러나듯이, 포괄적 무역정책에 대한 행정부의 독점이 의회와 이익 집단들로부터 도전받게 된 것이다. 이러한 현상에는 무역 상황의 변화에 따른 행위자들의 동기와 자원의 변화도 영향을 미쳤으나, 정치과정에서 의회, 행정부 및 사회 세력 간의 관계를 변화시킨 1970년대 이래 미국 정치체제의 구조적 변화가 배경이 되었다. 1970년대에 이루어진 정당과 예비선거제도의 개혁, 의회 개혁, 그리고 정치자금법의 개혁 등 일련의 개혁과 이익집단 정치의 양적·질적 변화로 인해 정치과정에 참여하는 행위자들의 목표와 전략, 그리고 이들 간의 관계가 크게 변하게 되었다.[46] 정치제도와 과정 전체의 변화는 필연적으로 그 하위체계인 무역정책과정과 제도를 변화시켰고 이에 따라 행위자들의 목표와, 전략, 즉 행태를 변화시킨 것이다. 이러한 정치과정의 전반적 변화와 그 영향은 대체로 다음과 같이 나타났다.

첫째는 의회 내 권력의 분산이다. 1970년대에 이루어진 일련의 의회 개혁과 예비선거제도의 개혁은 의회의 권력을 크게 분산시키는 결과를 낳았다. 의회의 권력은 더 이상 소수의 다선 위원장들에게 장악되지 않고 다수의 소위원회 위원장들과 개인 차원으로 분산되었다. 이는 의회 내에 다수의 권력의 핵을 만들었고 이에 따라 사회집단이

45　Nivola, "Trade Policy: Refereeing the Playing Field."
46　이에 대해 백창재, 「정치개혁과 미국 정치 제도의 장래」, 서울대학교 미국학연구소 편, 『21세기 미국의 역사적 전망』, 서울대학교 출판문화원, 2001, pp. 3-76 참조.

접근할 수 있는 창구가 증대되었다. 따라서 의회는 사회집단으로부터
의 다양한 압력에 보다 취약해진 것이다. 동시에 의회의 분권화된 구
조로 인해 개별 의원들은 자신의 정치적 영향력 확대를 목적으로 독
자적으로 다양한 이슈들을 공략하는 이슈 기획가(issue entrepreneur)
역할을 할 수 있게 되었다. 이에 따라 의회는 보다 분권화되고 사회집
단의 압력에 더욱 취약해진 것이다.

　이러한 변화가 무역정책에 미치는 영향은 곳곳에서 발견된다. 더
이상 하원 세입위나 상원 재무위가 무역정책을 독점할 수 없으며, 십
여 개 상·하원 위원회들이 무역법안의 심의에 참여하여 무역정책 수
립에 간여하게 되었다.[47] 이는 이슈 기획가들의 활동을 더욱 용이하게
만들어 안건의 상정에서 표결에 이르는 전 과정에서 소위 '무역전사'
(trade warrior)들이 중요한 역할을 하도록 허용하게 되었다.[48] 의회 내
권력분산이라는 구조적 변화가 무역정책의 수립과정을 행정부나 의
회 리더십이 통제하는 데 큰 장애로 작용하게 된 것이다. 이는 곧 버논
(Raymond Vernon)이 지적한 미국 무역정책 결정과정의 특수성, 즉
'일반적 합의를 결여한 채 경이롭도록 많은 대안을 창출할 수 있는 능
력'의 근원이 된다.[49]

　반면, 의회 내에서 정당결집도(partisan unity)는 강화되었다. 이
는 의회 개혁을 통해 강화된 의원총회(party caucus)의 역할과 양당의

47　Stephen D. Cohen, Joel R. Paul, and Robert A. Blecker, *Fundamentals of U. S. Foreign Trade Policy: Economics, Politics, Laws, and Issues,* Westview Press, 1996, pp. 141-161.

48　Richard J. Whalen and Christopher Whalen, eds., *Trade Warriors: The Guide to the Politics of Trade and Foreign Investment,* Whalen Company, 1990.

49　Raymond Vernon, Debora L. Spar, and Glenn Tobin, *Iron Triangles and Revolving Doors: Cases in U. S. Foreign Economic Policymaking,* Praeger, 1991.

핵심 지지세력들의 결집이 강해진 데 기인한다. 의회 내 정당결속력이 강화된 것은 무역정책 형성과정에서 두 가지 중대한 의미를 갖는다. 하나는 의회의 분권화 현상을 어느 정도 상쇄한다는 것이고, 다른 하나는 양당 간의 정책상 차이가 뚜렷해져 가는 것이다. 즉 무역정책 수립에 있어서 정당의 영향력이 증대되어 감과 동시에 양당 간의 갈등이 심화되어가는 것이다. 비록 무역정책을 둘러싼 양당 간의 갈등이 19세기 말과 같이 정당체제의 재편을 유발할 정도에 이르지는 않았으나, 의회와 행정부 간의 갈등의 중요한 요인이 되고 있다.

셋째, 행정부와 의회 간의 양부관계에 있어서 의회의 상대적 권한이 강화되었으며 의회가 행정부에 보다 도전적(assertive)이 되었다. 스무트–홀리 당시의 의회는 관세나 무역과 같이 복잡한 문제를 처리할 수 있는 자원이나 전문성이 부족했었다.[50] 그러나 이후 의회의 제도화 과정에서 의회의 전문성과 물리적, 인적 자원은 크게 향상되어 더 이상 샷슈나이더가 지적한 점들이 문제가 되지 않는다. 따라서 의회는 그동안 행정부가 독점해 오던 분야들, 특히 외교·국방·무역 문제들에 점차 영향력을 행사하려 들게 되었다. 닉슨(Richard Nixon) 이래 대부분의 기간에 행정부와 의회를 양당이 각기 분점해 온 현상 또한 의회가 보다 도전적이 된 원인이다. 분점 정부 구조에서 의회가 상대 당이 장악한 행정부가 곤란에 처한 정책 분야에 개입해 보려 해 왔던 것이다. 군이 정당경쟁의 동기가 아니더라도 입법부로서 의회가 행정부가 실패한 정책 분야에 개입하려는 경향은 항상 존재해 왔다. 더욱이 전쟁권한법(War Powers Act)에서 보듯 의회가 헌법상 권한을 지니고 있는 경우 의회는 반드시 개입해야 할 '필요성'을 느끼게 된다.

---

50   Schattschneider, *Politics, Pressure and the Tariff,* ch. 1.

무역정책은 이러한 조건을 모두 구비하고 있으므로 의회의 간섭이 가장 증대해 온 분야이다. 의회는 포괄적 무역정책을 수립할 만한 전문성과 자신감을 확보한 상태이고, 무역정책에 있어서 역대 행정부들이 실패를 거듭해 왔다는 인식이 확산되어 왔으며, 무역정책에 관한 헌법상 권한은 의회가 지니고 있다. 의회가 무역정책에 대한 개입을 강화하면서 필연적으로 입법부와 행정부 간의 갈등이 초래되었다. 의회가 행정부에 대한 감독을 강화하고, 행정부의 재량권을 제한하며 심지어 정책 결정절차 자체를 자동화시킴에 따라, 지금까지 무역정책을 독점해온 행정부의 권위와 역량이 크게 제약을 받게 되었기 때문이다.

VIII. 미국 무역정책의 분석틀

지금까지의 논의를 종합하여 미국 무역정책에 대한 분석틀을 두 가지 시각에서 수립할 수 있다. 먼저 미국 무역정책의 장기적·거시적 변동에 대한 분석틀을 〈그림 1-1〉과 같이 설정할 수 있다. 국제 경제구조의 변화와 국내 경제의 변화는 사회 내의 경제적 이해관계를 변화시킨다. 이러한 경제적 이익에 따라 사회 세력이 형성되고 이들 간의 연합과 대립이 이루어지며, 여기서 무역의 이슈는 이들의 연합을 결정하는 중요한 이슈 중의 하나로 작용한다. 중대 선거에서 승리한 정치 연합은 새로운 균열구조가 형성되기까지 연합의 결속력이 지속되는 한 지배적 정치 연합으로 정치체제의 성격을 결정한다. 무역정책에 있어서도 이들, 혹은 이들 중 무역의 이슈에 첨예한 이해가 있는 세력에 의해 정책 연합이 결성되어 무역정책의 성격이 결정되며, 이는 제도적 장치의 수립으로 확립된다. 경제적 이익과 사회 세력이 정책 연합과 제도

그림 1-1. 미국 무역정책의 장기적 변동

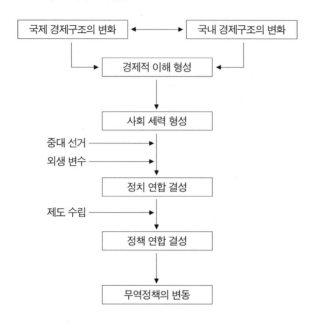

적 장치와 부합하지 않을 경우에는 지체현상이 일어난다. 즉 지배적 이익이나 연합이 바뀌었음에도 불구하고 기존의 정책이 유지되는 것이다. 제2장은 이 분석틀을 기반으로 미국 무역정책의 역사적 변동을 분석한다.

　미국 무역정책의 이러한 장기적 변동 속에서 특정한 시기의 단기적 정책 결정은 〈그림 1-2〉와 같이 분석할 수 있다. 이 분석틀은 크게 구조적·물리적 변수들, 사회적·정치적 변수들, 제도적 변수들과 정책 결정 행태의 네 가지 변수 군으로 구성된다. 첫째 변수들은 미국 무역 구조의 변화나 국제 무역질서의 변화와 같은 경제적 변수들과 상대적 경제력의 변동이나 국제 무역질서의 거버넌스의 변화와 같은 체계 수준의 변수들을 포괄한다. 이 변수들은 사회 집단들과 정책 결정자들의

그림 1-2. 미국 무역정책 결정과정의 분석틀

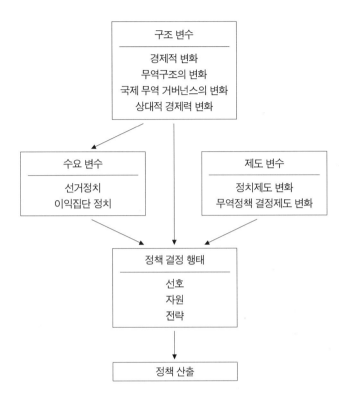

요구형성(preference formation)과 전략 및 자원의 형성에 영향을 미친다. 예컨대, 급증하는 무역 적자로 대표되는 무역 상황의 악화는 곧 사회집단들과 정책 결정과정에서 보호주의 세력을 강화하고, 반면 무역의존도의 심화는 반(反)보호주의 세력을 증대시킨다. 또한 정책 결정과정에서 의회-행정부 관계와 같은 행위자들의 관계와 행태를 변화시킨다. 예컨대 무역의존도가 심화됨에 따라 포괄적 무역정책에 대한 의회의 개입 경향이 증대되고, 무역구조가 악화됨에 따라 행정부의 입지가 약화될 수 있다.

둘째 변수들은 무역정책 형성의 수요 측면으로, 선거정치(electoral politics)와 이익집단 정치로 구성된다. 전자는 지역적·전국적 기반에서 무역정책의 이슈가 선거정치에 미친 영향으로, 정책 결정과정에서 개인 및 정당 차원의 행태의 근원이 된다. 후자는 각 사회 경제집단들이 이해와 요구를 형성하고 이를 정책에 반영시키기 위해 정책 결정과정에 영향력을 행사하는 전형적 이익집단 활동이다. 각 집단의 활동이 정책 결정과정에 영향을 미치는 한편 이들의 목표와 전략은 정책 결정체계에 의해 다시 수정될 수 있다.

구조적 변화와 사회로부터의 요구가 처리되어 정책결과를 이끌어내는 것이 정책 결정과정이다. 이 과정은 경제적·국제체계적 변수들에 의해 영향을 받고 사회집단의 다양한 요구가 처리될 뿐 아니라, 동시에 제도적 틀에 의해 행위자들의 행태가 영향을 받는 과정이다. 앞에서 살펴본 정책 결정과정의 개인, 정당 및 의회-행정부 양부 간 차원의 행태들에 의해 무역정책의 수요가 공급으로 전환되는 것이다. 포괄적 무역정책에 있어 이 과정은 결국 의회와 행정부 간의 갈등과 타협의 과정이며, 여기서 의회는 사회 내 이익들의 단순한 전달자일 뿐 아니라 무역정책의 수임기구로서, 그리고 정당 간 경쟁의 장으로서 기능하게 된다.

이러한 분석틀은 이론적 정교함이나 설명의 경제성(parsimony)을 염두에 두기보다는 특정한 포괄적 무역정책이 수립되는 과정과 결과들을 분석하는 데 중점을 둔 것이다. 특히 무역정책 결정 제도의 틀 안에서 각 행위자, 특히 행정부와 의회의 행태에 초점을 두고 있다. 제3장과 제4장의 입법과정 분석에서 보여주듯이, 특정 무역정책 혹은 그 입법적 표현인 무역법에 대한 구체적 분석에 효용성을 지닌다.

제2장

역사: 미국 무역정책의 변동

한 나라의 무역정책은 여러 가지 요인들의 영향을 받으며 변화하게 된다. 우선 그 나라가 교역을 하고 있는 상대 국가들이나 세계 경제체제의 성격이 변화하게 되면 이에 적응하기 위해 무역정책의 변화가 모색될 수 있다. 또한 다른 나라와의 경제관계의 성격이 변화한다든가, 세계 무역구조에서 차지하고 있는 지위가 변화할 경우에도 무역정책의 틀이 바뀔 수 있다. 반면 외적인 요소보다 그 나라의 내적 변수들, 예컨대 특정 사회 세력들과 집단들의 이해관계가 변화하고 이들 간의 힘의 관계가 달라짐에 따라 무역정책의 성격이 변화될 수도 있다. 또는 특정한 이유에 의해 무역과 연관된 국가 이익이 다르게 규정되고, 이같이 재규정된 외교적 혹은 상업상 이익을 확보하기 위해 새로운 무역정책이 추진될 수도 있다. 다음 장에서 설명하듯이 이처럼 다양한 정치적, 경제적, 대외적, 국내적 요인들의 상호작용 속에서 무역정책의 조정이 이루어지는 것이다.

　건국 이후 최초로 대외 무역을 연방 정부가 규제하게 된 이후 미

국 무역정책 역시 이러한 요인들의 변화에 따라 진화해 왔다. 크게 구
분하면, 미국 무역정책은 건국 이후 보호주의 정책이 수립된 시기, 19
세기 말 보호주의가 강화되었던 시기, 뉴딜 이후 자유무역정책으로 전
환했던 시기, 1970년대 이후 자유주의 정책의 변화가 모색되고 있는
시기로 나눌 수 있다. 각 시기마다 미국 경제와 국제 경제의 변화, 국
제정치적 변동, 그리고 국내 정치적 대립이 역동적으로 맞물리면서 무
역정책의 변화가 이루어졌다. 특히 19세기 말과 뉴딜 시기의 무역정책
은 당시 정당 정치의 근간을 뒤흔든 중대 이슈(critical issue)의 하나로
작동하기도 했다. 이 장에서는 우선 미국 무역정책이 변화해 온 과정
을 추적한다.

I. 건국 초기 보호주의 정책의 수립

무역 이슈는 건국 초기부터 연방 정부의 중대한 과제였다. 정치적으
로는 독립하였으나 식민지 시절부터 유럽과의 교역 없이 독자적인 경
제적 생존이 어려웠기 때문이다. 워싱턴(George Washington), 제퍼슨
(Thomas Jefferson), 해밀턴(Alexander Hamilton) 등 건국의 시조들
(founding fathers)은 이를 잘 인식하고 있었다. 미국 무역정책의 역사
를 연구한 엑스(Alfred E. Eckes, Jr.)에 따르면, 건국의 시조들은 자유
무역을 옹호하는 신조를 지니고 있었다.[1] 이들은 무차별(non-discrim-
ination)과 호혜성(reciprocity)을 원칙으로 자유로운 교역이 이루어지
는 것이 가장 이상적이라고 생각했다. 다만, 정치적·경제적 안보가 확

1　　Alfred E. Eckes, Jr., *Opening America's Market: U.S. Foreign Trade Policy Since
1776*, University of North Carolina Press, 1995, pp. 2–9.

고하지 못한 신생국으로서 유럽의 권력 정치에 휘말리지 않기 위해 특정 국가들과의 특혜적 교역관계에 놓이는 것을 경계했다.

그러나 미국 무역정책은 시작부터 자유무역과는 거리가 멀었다. 1789년의 첫 관세법은 8.5퍼센트의 종가세(ad valorem duty)를 설정했는데, 강력한 보호주의 정책은 아니었으나 자유무역의 이상에는 부합하지 않는 것이었다. 가장 중요한 이유는 연방 정부의 재정 수입이었다. 다른 유럽 국가들과 마찬가지로 당시 관세는 가장 중요한 재정 수입원이었다. 1850년대까지도 관세 수입은 재정의 90퍼센트를 충당할 정도였으며, 건국 이후 점차 연방 정부의 기능이 확대되어 재정 수요가 많아지면서 관세율을 증대시킬 필요가 생기게 되었던 것이다.[2]

더욱이 당시의 국제정치경제 질서 역시 자유무역과 상극이었다. 주지하듯이 이 시기 유럽 각국들은 근린궁핍화(beggar-thy-neighbor)의 중상주의 정책을 추구하고 있었다. 미국으로서는 홀로 자유무역적 정책을 취할 필요도 없었고, 그럴 수 있는 능력도 없었던 것이다. 자유무역정책을 할 수 있는 환경이 조성되기 시작한 때는 영국이 곡물법을 폐기하고, 영국-프랑스간 콥든-슈발리에 조약(Cobden-Chevalier treaty)으로 쌍무적 자유무역을 추구하기 시작한 19세기 중반 이후라고 볼 수 있다. 국제 안보 환경 역시 자유무역이 이루어질 수 있는 여건을 제공하지 않았다. 건국 후 얼마 되지 않아 일어난 유럽 대륙의 나폴레옹전쟁과 뒤이은 해양 봉쇄, 그리고 그 와중에 벌어진 미-영 전쟁은 미국이 유럽 각국들과 교역하는 것 자체를 어렵게 만들었던 것이다.

이러한 객관적 여건들만이 미국을 자유무역정책과 멀어지게 만든 것이 아니다. 유치산업보호(infant industry protection)의 필요성, 즉

---

2 Pastor, *Congress and the Politics of U. S. Foreign Economic Policy*, p. 73.

초기 단계에 있는 국내 제조업을 보호하기 위해 수입품에 대해 고관세를 부과해야 한다는 정책적 의도가 반영되었던 것이다. 이미 1789년의 관세법 제정과정에서 해밀턴은 국내 제조업 육성을 위한 보호주의의 필요성을 제기한 바 있다.[3] 신생국으로서 경제적 자립을 위해서는 농업뿐만 아니라 상공업이 발전해야 하고, 아직 유럽 국가들에 비해 낮은 발전단계에 있는 국내 제조업을 보호하기 위해 높은 관세가 불가피하다는 것이다. 이러한 논리는 1820년대에 이르러 헨리 클레이(Henry Clay)에 의해 '아메리칸 시스템'(American System)이라는 보다 정교한 정책 패키지로 발전되었다. 휘그당의 경제정책 프로그램이 된 아메리칸 시스템은 국내 제조업을 육성하기 위한 산업진흥정책(promotion), 경제 부흥을 위한 기반시설 확충(internal improvement) 및 국내 산업 보호를 위한 고관세 정책으로 구성되었다. 신생국으로서 경제 성장을 위해 아메리칸 시스템이 필요하다는 논리는 휘그당뿐 아니라 앤드류 잭슨(Andrew Jackson)과 같은 민주당 정치인들도 거부하기 어려울 정도로 정당화되어 갔다.[4]

보호주의적 목적의 무역정책이 시작된 것으로 1816년 관세법을 들 수 있다. 국내 주요 산업기반이었던 면방직, 모직 및 철강제품에 대하여 고율의 관세를 책정하여 수입 억제 효과를 가져왔던 것이다. 이렇게 된 데에는 당시의 국내외 경제 상황이 크게 작용했다. 나폴레옹 전쟁 당시의 해양 봉쇄가 해제되면서 유럽 각국들, 특히 영국 상인들은 해양 봉쇄로 인해 쌓여 있던 막대한 재고를 미국 시장에 덤핑하기 시작했는데, 도산 위기에 봉착한 미국 제조업자들이 이에 대한 구제책

3   Eckes, *Opening America's Market,* pp. 13-14.
4   이에 대해서는 하츠의 명쾌한 분석을 참조하라. Louis Hartz, 백창재·정하용 역, 『미국의 자유주의 전통』, 나남, 2012, pp. 176-182.

을 강력히 요구했던 것이다. 뒤이은 1828년 관세법은 가히 보호주의의
절정이었다고 평가된다. 60퍼센트에 달하는 종가세를 부과함으로써
1930년의 스무트-홀리 관세법을 능가하는 미국 역사상 최악의 보호주
의 정책이 수립되었던 것이다. 이 관세법은 국내 제조업의 중심이었던
동북부의 상공업자들과 동북부 지역에 곡물을 공급하던 서부 농민들
에게 환영을 받았지만, 유럽에 면화를 수출하던 남부 대농장주들로부
터는 '가증스런 관세'(tariff of abomination)로 불리며 큰 반발을 받았
다. 남부 주들이 이 법에 대해 무효화(nullification)를 선언하고 나아가
연방 탈퇴의 권리를 주장하게 될 정도였다. 초기부터 무역정책을 둘러
싸고 사회 세력들 간에 치열한 이해 대립이 발생했던 것이다.

'가증스런 관세'는 1833년 동북부와 남부 간의 타협에 의해 점차
'덜 가증스러운' 것으로 완화되었다. 그러나 여전히 관세는 수입금지
적으로 높은 수준을 유지했다. 북동부의 산업과 서부의 농업이 고관세
정책의 강력한 지지세력으로서 남부 대농장주 세력의 반대를 저지하
거나 약간의 양보를 하며 보호주의적 정책을 고수했던 것이다.[5]

이러한 정책은 남북전쟁 이후 공화당에 의해 행정부와 의회가 독
점되면서 보다 심화되었다. 이 시기는 전쟁 기간 동안 급속히 성장한
북동부 산업이 도약하는 단계에 있었고 이들이 서부로 확대되어 가는
과정이었다. 따라서 연방 정부는 고속도로 진행되는 산업화를 지원하
는 데 정책의 우선을 두었고, 더욱이 공화당에 의해 독점되어 있었으
므로 산업자본에게 각종 특혜가 부여되었다. 무역정책, 즉 관세정책
역시 이러한 맥락에서 이루어졌다. 즉, 산업화의 초기 단계에 있는 국
내 산업을 보호하기 위해, 그리고 남부 농업의 희생 아래 북동부 산업

---

5   초기의 관세정책에 관해서는 고전적 연구 Frank W. Taussig, *The Tariff History of the
    United States*, Putnam's Sons, 1922를 참조하라.

자본의 이익을 위해 고관세 정책이 추진되었던 것이다. 이 시기는 미국이 제퍼슨적 농경사회로부터 산업사회로 이전하는 초기 단계였고, 이러한 초기 산업화의 필요에 의해, 그리고 산업자본을 중심으로 한 공화당 정치 연합의 이해 논리에 의해 철저히 보호주의 정책이 시행되었다.

II. 보호주의의 강화

1870년대에 이르면 그간의 일방적인 보호주의 정책이 도전받게 되고 어느 정도 변화가 일어나게 된다. 우선 남부 주들의 연방 재편입(Reconstruction)이 완료되면서 전쟁 뒤의 공화당 패권이 마감되어 양당이 다시 균형을 이루게 되었고, 민주당 내에서 북동부 산업자본 위주의 고관세 정책에 대한 저항이 조직화되기 시작했다.[6] 또한 산업화가 보다 심화되면서 해외시장의 개척이 필요하게 되었고, 보호주의적 고관세 정책이 수출 증대를 가로막는 장애라는 사실이 인식되기 시작했다.[7]

　무역정책에 대한 이해 대립은 1880년대에 더욱 심화되었고, 1888년 선거에서 관세 문제는 가장 중요한 이슈로 작용하게 되었다. 이러한 갈등은 1890년대 초반의 경제위기로 격화되어, 흔히 중대 선거로 간주되는 1896년 선거에 이르러 기존 정치 세력을 재편성하는 핵심적

6　David W. Brady, *Critical Elections and Congressional Policy Making*, Stanford University Press, 1988, pp. 50-51.

7　David Lake, "International Economic Structures and American Foreign Economic Policy 1887-1934," *World Politics*, 35: 4(1983), pp. 527-528.

이슈로 작용하였으며 이후 30여 년간 무역정책의 기조로 확립되었다.

1896년 선거를 전후한 사회 세력들 간의 연합과 이들 간의 정치적 균열은 산업화에 대한 농업의 저항에서 비롯되었다. 당시 농민들은 심각한 경제적 위기에 처해 있었다. 우선 1880년대 중반 이후 계속된 자연재해와 1890년대 초반의 불황으로 파산이 속출했다. 그러나 이보다 더욱 근본적인 농업의 위기는 당시의 고금리 정책과 금본위제에 의한 통화량 부족, 철도를 비롯한 산업 부문의 독점화 현상, 그리고 보호주의적 무역정책 등 산업화 위주의 정책에 의해 비롯되었다. 즉, 1870년대 이후 농업 생산은 급속히 증대된 데 반해 통화량은 한정되어 있어 농산물 가격이 지속적으로 하락했다. 이러한 가운데 생산자로서 농민은 고금리에 의해 고통받는 한편, 소비자로서의 농민은 독점과 보호주의의 비용을 부담하고 있었다. 산업화 과정에서 농업 이익이 지속적으로 희생당하고 있었던 것이다. 이에 따라 남부와 북·중서부를 중심으로 그린백당(Greenback Party), 그레인지당(Grange Party), 농민동맹(Farmers' Alliance) 등의 조직이 결성되어 농민이 정치적으로 조직화되어 갔고, 이들은 산업화 과정에서 또 다른 희생자로 여겨지는 노동과의 연합을 시도하였다. 그 결과 북·중서부 및 남부의 농민과 급진적 노동운동 세력을 기반으로 하는 민중당(People's party)이 제3당으로 출현하였고, 1882년 선거에서 9퍼센트의 지지율을 확보하게 되었다.

민중주의 세력의 등장과 1890년대 초반의 경제 위기는 균형 상태에 있던 기존의 민주·공화 양당구조를 해체하였다. 1896년 선거에 이르러 민주당은 브라이언(William Jennings Bryan) 중심의 민중주의파와 클리블랜드(Grover Cleveland) 계열의 친산업파로 양분되었고, 공화당 역시 정도는 약하나 콜로라도와 미주리 주를 중심으로 한 분파가

분리되었다. 이에 따라 1896년 선거는 브라이언을 민주당 후보로 지명하여 연합한 민중주의 세력과 매킨리(William McKinley)를 공화당 후보로 선출한 산업이익이 대결하는 전기적(轉機的) 선거가 되었던 것이다.

이 선거에서 민중주의 세력이 내세운 정책들은 대부분 기존의 산업이익 위주의 정책을 폐기하는 것들이었다. 예컨대 민중주의 세력은 철도 등 독점기업의 해체와 은본위제 도입 등을 요구했다. 이 중 은본위제 도입은 농민들의 절대적 지지를 받고 있던 이슈로서 은본위제의 도입으로 통화량을 늘림으로써 농산품 가격의 지속적 하락을 막으려했던 것이다. 이에 못지않게 중요했던 이슈는 무역정책이었다. 이들은 독점과 보호주의의 비용을 감당하고 있는 소비자의 입장이었으므로 1890년의 매킨리 관세법과 같은 보호주의 정책을 철폐할 것을 요구했고, 저관세에 의한 보다 자유주의적인 무역정책의 수립을 공약하였다. 반면 공화당은 기존의 산업이익 위주 정책을 고수하였다. 당시 공화당의 정강이 내세웠듯이, 공화당은 '미국 경제의 독립과 번영의 기초'로서 보호주의 정책을 강력히 지속해 나갈 것이며, '미국인 생산자를 위한 미국 시장의 확보'야말로 '진정한' 관세정책이라고 천명했다.[8]

브라이언의 민중주의파 민주당은 남부, 중서부, 북서부의 농업을 중심으로 급진적 노동과 콜로라도 중심의 은 산업 연합을 결성했다. 그러나 이들이 주요 지지층으로 여겼던 북동부와 중서부 노동의 대부분은 공화당 연합으로 편입되었다. 이는 노동이 무역정책에 있어서 소비자가 아닌 생산자로서의 이익에 보다 민감하게 반응했기 때문이다. 공화당 역시 산업화 부문의 이익이 곧 노동과 자본 모두의 이익이라는

8　Brady, *Critical Elections and Congressional Policy Making*, p. 55.

캠페인을 효과적으로 전개했다.[9] 따라서 공화당 연합은 중공업, 섬유 산업 등 노동집약적 산업, 그리고 이들에 투자하고 있던 금융업 등의 자본과 대부분의 노동, 그리고 도시시장에 의존적인 근교농업을 포함 함으로써 민주당에 쉽게 승리했다.[10] 그 결과 소위 '1896년 체제'(system of 1896)의 지배연합, 즉 공화당 패권기가 시작되어 이후 대공황 에 의해 붕괴될 때까지 30여 년간 지속되었고, 남북전쟁 이후 산업화 위주의 경제정책들이 유지될 수 있었다. 보호주의 무역정책은 이 체제 의 골격을 이루는 핵심적 정책으로 강화·유지되었다.

〈표 2-1〉은 이 시기의 관세율 변화를 정리하고 있는데 1897년 딩 글리 관세법(Dingley Tariff Act) 이래 고관세 정책이 유지되면서 시기 에 따라 관세율이 증감함을 보여주고 있다. 이러한 변화는 당시 미국 경제와 국제 경제구조, 무역정책에 연관된 이해관계와 정치 세력, 그 리고 무역정책 결정체제의 성격이 복합적으로 작용하여 일어난 것이 다. 우선 1896년 선거 직후 공화당은 새 관세법을 제정하여 보호주의 정책을 강화하였다. 딩글리 관세법은 또한 보호주의에 대한 저항을 무 마하기 위한 조항도 포함하고 있었다. 즉 호혜성의 원칙하에 통상협정 을 체결할 수 있는 권한을 대통령에게 부여했던 것이다. 이 조항에 의 해 11개의 통상협정이 시도되었으나 공화당이 통제하는 의회는 단 하 나도 비준하지 않았다.[11]

12년 뒤 개정된 페인-알드리치 관세법은 당시 공화당 연합이 무 역정책과 관세를 어떻게 인식하고 있었는가를 극명하게 보여준다. 새 관세법은 유명무실화된 대통령의 통상협정권을 폐기하고 무역정책 결

9   Gourevitch, *Politics in Hard Times*, pp. 105-111.
10   *Ibid.*
11   Pastor, *Congress and the Politics of U. S. Foreign Economic Policy*, p. 75.

표 2-1. 미국 관세율, 1887-1934

관세법	연도	전품목의 관세율(%)	관세대상품목의 관세율(%)	비관세대상품목 비율(%)
매킨리(McKinley)	1890	23.7	48.4	50.8
윌슨-고먼(Wilson-Gorman)	1894	20.5	41.2	50.0
딩글리(Dingly)	1897	26.2	47.6	45.1
페인-알드리치(Payne-Aldrich)	1909	20.0	41.0	51.3
언더우드(Underwood)	1913	8.8	26.8	67.5
포드니-매컴버(Fordney-McCumber)	1922	13.9	38.2	63.5
스무트-홀리(Smoot-Hawley)	1930	19.0	55.3	65.5

출처: Lake, "International Economic Structure and American Foreign Economic Policy," p. 534, Table 2.

정과정의 '정치성'을 배제한다는 취지로 입법화되었다. 즉 관세 책정 과정에 행정부나 의회, 이익집단, 정당 등의 정치적 영향력이 미치지 못하도록 관세율이 '과학적' 기준에 의해 자동적으로 조정되도록 한다는 것이다. 그 방안으로 입법화된 것이 '유동 관세'(flexible tariff) 제도로, 이에 의해 의회가 제정한 최소 관세율(minimal tariff)의 25퍼센트 한도 내에서 대통령이 관세를 인상할 수 있게 되었다. 그러나 그 기준은 "미국 국내 생산원가와 수출국 생산원가의 차이를 상쇄"하는 양이었고, 이러한 객관적 기준은 새로 창설되는 관세원(Tariff Board)이 결정하도록 하였다. 비교우위라는 무역의 필요성을 무효화시키도록 관세액을 결정해야 한다는 보호주의적 이데올로기가 지배하고 있었던 것이다.[12]

공화당 내분의 도움으로 민주당이 행정부와 의회를 장악했던 1910년대는 이 기간 중 잠시나마 자유주의적 무역정책이 추구되었던

---

12 태프트(William Taft) 대통령은 이 조항에 따라 유동관세제를 시행하려 하였으나 의회의 반대로 관세위원회를 구성하지도 못했다. 그 결과 대통령의 관세책정권은 사문화되었고 의회가 정한 최소 관세율이 적용되었다. *Ibid.,* p. 76.

시기이다. 우드로 윌슨(Woodrow Wilson)은 대통령 취임 직후부터 관세제도의 개혁을 최우선 정책목표로 설정하고 자유화 정책을 추진하였다. 그 결과 입법화된 것이 1913년의 언더우드 관세법(Underwood Tariff Act)으로, 이 법은 기존의 수입금지적 관세를 크게 인하하였다. 그러나 일차대전의 발발로 인해 이러한 관세 인하는 사실상 불필요한 것이 되었고, 미 무역정책이 자유주의로 전환되는 것이 사실상 봉쇄되었다. 그러나 당시 보호주의 세력의 영향력과 국제연맹의 운명에서 미루어 볼 수 있듯이, 이러한 상황이었기 때문에 오히려 언더우드 관세법의 입법화가 가능했던 것이라는 해석이 타당할 것이다.[13]

1918년 선거에서 공화당이 다시 의회를 장악하자 의회는 다시 보호주의 법안을 통과시켰고, 1920년 대통령 선거에서 하딩(Warren Harding)이 승리하고 난 뒤 곧 시행되었다. 이 포드니-매컴버 관세법 (Fordney-McCumber Tariff Act)은 2천 4백여 품목에 대해 관세율을 인상하고 평균 관세율을 대폭 인상함으로써 관세정책을 언더우드 관세법 이전으로 복귀시켰다. 반면, 이 법은 처음으로 최혜국 대우의 무차별 원칙을 도입하기도 했다. 행정부로 하여금 무차별 원칙에 입각하여 타국과의 통상협정을 체결할 수 있게 한 것이다. 이는 당시 미국경제의 규모와 성격, 그리고 무역 의존도 심화 등의 구조적 요인으로 인해 점차 보호주의 정책의 한계가 드러나고 자유화의 필요성이 대두된 때문이었다고 해석할 수 있다. 그러나 수입정책에 있어서 포드니-매컴버 관세법은 여전히 강력한 보호주의 정책을 지속시키고 있었으므로 자유주의 정책의 실현성은 전혀 없었다고 평가된다.[14]

---

13 *Ibid.*, p. 76.
14 *Ibid.* 이런 관점에서 볼 때 레이크와 같이 포드니-매컴버 법을 미국이 자유주의적 세계 무역구조를 위해 패권적 리더십을 행사하려 한 첫 시도로 보는 데는 문제가 있다. Lake,

포드니-매컴버 법은 또한 페인-알드리치 법의 유동관세제를 부활
시켰다. 즉, 관세위원회(Tariff Commission)의 권고에 의해 대통령이
관세율을 50퍼센트 범위 내에서 수시로 조정할 수 있도록 한 것이다.
그러나 역시 그 기준은 국내 생산원가와 해외 생산원가의 차이를 상쇄
하는 것으로 보호주의 원칙을 재차 강화하는 것이었다. 더욱이 이러한
관세 조정은 실행 불가능한 것임이 곧 드러났다. 수천 개에 달하는 대
상 품목의 국내 및 수입지 원가를 수시로 밝히고 이에 의해 이 품목들
각각에 대한 관세율의 '과학적' 근거를 산정한다는 것은 기술적으로
불가능했던 것이다.[15] 이 점이 바로 수년 뒤 스무트-홀리 관세법이라
는 대참사가 벌어지게 된 제도적 근원이 되었다.

스무트-홀리 관세법은 1920년대 농업 위기에 대한 공화당의 대응
에서 비롯되었다. 일차대전 중 생산량이 급증하게 된 반면 전후 세계
적 수요가 하락함에 따라 1920년대 초반 농가 소득은 반 이하로 감소
하였는데, 1920년대 말까지도 회복되지 않았다. 이에 대해 1928년 선
거에서 공화당 후보 후버는 수입 농산품의 관세를 인상함으로써 국내
생산자를 보호하는 정책을 수립하겠다고 공약했고, 당선 후 이를 위한

"International Economic Structures and American Foreign Economic Policy," pp.
534-536 참조. 하딩 행정부가 이 법에서 부여된 무차별적 최혜국 대우를 앞세워 유럽
각국과의 통상협정을 시도했고, 또 관세뿐 아니라 금융과 직접 투자 등의 이슈도 협정
대상으로 인식한 것은 사실이다. 그러나 실제 미국 자신의 관세율이 대폭 인상되어 보호
주의 정책이 강화되었고, 국내 산업을 보호하기 위해 관세정책을 강화하는 것이 여전히
공화당의 정책 기조였음을 감안할 때 이 같은 해석은 과장된 것이다. 당시 하딩 행정부
가 내세운 소위 '문호 개방 정책'(Open Door policy)의 모순을 상징적으로 드러내는 사
실은 이 법안이 성공리에 의회에서 통과되도록 한 인물이 바로 상원의원 스무트(Reed
Smoot)였다는 점이다.

15 1922년부터 1930년에 걸쳐 관세위원회가 '과학적' 기준을 마련할 수 있었던 품목은 불
과 38개였다. 이 중 5개를 제외한 나머지 품목에 대해 하딩, 쿨리지(Calvin Coolidge),
후버(Herbert Hoover)의 공화당 행정부는 관세를 인상하는 조처를 취했다. Pastor,
Congress and the Politics of U.S. Trade Policy, p. 76.

관세법 개정이 시작되었다.[16]

대공황이 심화되어 가는 상황에서 진행된 새 무역법안의 입법과정과 결과는 널리 알려진 바와 같다. 샷슈나이더(E. E. Schattschneider)의 고전적 연구가 보여준 바와 같이, 입법과정은 이익집단에 의해 압도되어 '떡고물 나누기' 식으로 관세 인상이라는 지대(rent)가 분배되었고,[17] 이 과정에서 보호주의의 직접적 피해자들은 일방적으로 소외되었다. 예컨대 상원에서만 1,253개의 수정안이 통과되어 각 부문에 대한 관세율 인상이 이루어졌다.[18] 그 결과 20세기 중 최고의 관세율이 책정되었다. 미국경제와 세계 경제에 대한 스무트-홀리 관세법의 영향은 최악의 상상을 넘어서는 것으로, 이 법이 통과된 후 수개월 내에 각국은 경쟁적으로 보호주의 관세장벽을 세우게 되었다. 그 결과 1929년에서 1933년까지의 기간 동안 미국의 수출은 4억 9천만 달러에서 1억 2천만 달러로, 수입은 3억 7천만 달러에서 9천 6백만 달러로 각각 4분의 1 수준으로 하락했고, 세계 무역 역시 350억 달러에서 120억 달러로 격감하였다.[19] 따라서 스무트-홀리 관세법은 대공황의 늪에 빠진 미국과 세계 경제에 치명타로 작용한 것으로 평가되었다.

스무트-홀리 관세법은 소위 '1896년 체제'의 성격을 여실히 드러내 준다. 19세기 말 무역정책과 산업화의 이슈를 중심으로 벌어진 대립에서 승리한 공화당 연합은 1930년대 초까지 무역정책 영역에서 패권을 장악하고 있었고, 보호주의적 관세정책을 통해 자신들의 이익을 보장하고 피해를 최소화해 왔던 것이다. 20세기 초반 이후, 특히 일차

16   Lake, "International Economic Structures and American Foreign Economic Policy," p. 537.
17   Schattschneider, Politics, Pressure, and the Tariff.
18   Pastor, Congress and the U.S. Foreign Economic Policy, p. 78.
19   Ibid., p. 79.

대전 종전 후 미국이 경제력에서 영국을 앞서고 무역과 국제 투자에서
의 이익 역시 크게 증대되었음에도 불구하고 보호주의를 고수하고 국
제무역체제의 폐쇄를 선도하게 되었던 것은 이러한 맥락에서 이해될
수 있다. 1920년대에 이르면 상품과 자본의 국제 교역에 연관된 미국
내 경제적 이익이 크게 성장하여 무시 못 할 영향력을 지니게 되었다.
윌슨 시기의 언더우드 관세법을 통한 자유주의적 정책이나 이후 하딩
의 문호개방 정책 등이 당시 증대되어 가던 자유주의적 이익과 반(反)
보호주의 세력의 존재를 반영했던 것으로 볼 수 있다. 그러나 경제적·
사회 세력적 요인이 변화되었음에도 불구하고, 보호주의 세력은 무역
정책과정을 장악하고 있는 지배적 연합으로 존재하고 있었으므로 무
역정책과정에서 반보호주의 세력은 큰 영향력을 행사할 수 없었다. 국
제연맹의 운명이 암시하듯이, 윌슨의 자유주의 정책은 일차대전의 상
황이 아니었으면 보호주의 연합에 의해 언제라도 '거부'(veto)될 수 있
는 것이었다. 또한 이 시기 무역정책의 핵심은 관세정책에 있었는데,
국내 생산비와 해외 생산비의 가격 차를 상쇄함으로써 국내 생산자를
보호한다는 원칙하에 관세율이 결정되었다. 따라서 윌슨 행정부 이후
자주 제기되었던 미국의 수출 시장 확보를 위한 문호 개방 정책이나
호혜 통상 조약의 추구는 이러한 보호주의의 틀을 벗어나기 어려운 한
계를 지니고 있었다.

요컨대 산업화가 급속히 진전되면서 미국의 경제구조가 변화되게
되고 이에 따라 무역에 연관된 사회 세력의 분포가 변화되었음에도 불
구하고 1896년 체제의 정치 연합은 1930년대 초까지 지속되었고, 특
히 무역정책에 있어 이 보호주의 연합은 지배적인 정책 연합으로 남아
있었던 것이다. 정치 세력으로서 공화당으로, 그리고 무역정책에 있어
보호주의로 나타난 이 연합은 점증하는 자유주의 이익의 영향력을 차

단하면서 미국 무역정책을 효과적으로 통제하였다. 일차대전 이후 미국이 세계 경제에 있어서 차지한 위치에도 불구하고 자유무역에 입각한 패권적 리더십을 추구하지 않은 지체(lag)현상은 이 같은 국내 정치적 요인으로 이해될 수 있다.

III. 뉴딜 연합과 자유무역정책

1920년대 말부터 시작된 대공황은 미국 경제의 전 영역을 강타하였다. 1929년에서 1933년까지 미국의 GNP는 1,040억 달러에서 580억 달러로 반감되었고, 기업 소득은 100억 달러에서 30억 달러로 급락하였다. 노동에 있어서도 총임금이 450억 달러에서 250억 달러로 반감되었고 고용률 역시 3분의 1이 하락하였다. 산업 부문이 이같이 대공황의 늪에 빠져드는 동안 1920년대 초반 이래 위기에 처해 있던 농업 부문은 더욱 심각한 위기에 빠져들었다. 이 기간 총 농가소득은 138억 달러에서 64억 달러로 반 이하 수준으로 하락했고, 미시시피 주의 경우 농지의 4분의 1이 지불 불능으로 압류되는 상황이 벌어졌다. 이러한 경제 위기는 곧 아이다호 주 농민 소요나 연금 요구 퇴역군인(bonus army) 시위 등 전국 각지에서의 크고 작은 소요사태로까지 이어졌다.[20]

　미국은 물론 세계 자본주의 최대의 위기에 대한 후버와 공화당의 대응은 대체로 기존 정책을 유지하는 것이었다. 즉, 디플레이션이라는 신고전주의적 처방과 스무트-홀리 관세법으로 상징되는 고관세 정책이 대공황에 대한 대응이었다. 초기에 후버 행정부는 재정지출을 감축

20　Brady, *Critical Elections and Congressional Policy Making*, p. 87.

하고 세율을 인하하는 정책을 폈고, 이러한 처방의 효력이 의문시되자 공공사업의 증대와 조세수입의 확대를 추진하기도 했다. 그러나 대공황의 타격을 받고 있는 각 산업 부문을 구제(relief)하는 문제에 대해 연방 정부가 할 수 있는 일은 거의 없다고 밝히고 있는 1932년 선거 당시 공화당 정강에서 드러나듯이,[21] 공화당 연합과 후버 행정부는 시장경제의 자율성과 국가 개입의 불가능성에 대한 확고한 신봉자였으므로 신고전주의적 처방이 정책 기조였다. 대공황에 의해 생존을 위협받고 있던 도시 노동자와 농민에 대한 후버 행정부의 처방 역시 '1896년 체제'다운 것이었다. 실업자의 구제는 "주정부와 지방정부의 문제로 취급하는 것이 미국적 전통이며 정부 운영의 원칙"이라고 천명했던 것이다. 또 농업에 대해서도 후버 행정부의 정책, 즉 스무트-홀리 관세법에 의해 농산품 가격이 "그나마 다른 나라의 경우보다 나은 상황"을 유지하고 있다고 주장하였다.[22] 이러한 공화당의 미온적 대응은 공

---

21 *Ibid.*, p. 86.

22 *Ibid.*, p. 86. 공화당의 경제정책을 민주당은 신랄히 공격하였다. 1932년 선거에서 루즈벨트(Franklin D. Roosevelt)는 『이상한 나라의 엘리스』(*Alice in Wonderland*)에 빗대어 공화당의 모순된 정책, 특히 무역정책을 야유하는 다음과 같은 선거 연설을 즐겨 사용하였다.

> 혼란스러워진 엘리스가 공화당 지도부에 물어봅니다. "증권과 채권을 더 발행하고 새로운 공장을 더 많이 짓고 또 생산성을 더욱 증대시키게 되면 우리는 결국 우리가 구매할 수 있는 것보다 더 많이 생산하게 되는 것이 아닌가요?" "그게 아니야"라고 험프티 덤프티는 단언합니다. "많이 생산할수록 우리는 더 많이 살 수 있는 거야." "남는 것은 어떻게 하지요?" "아 그건 다른 나라에 팔면 되지." "다른 나라 사람들은 무슨 돈으로 우리 물건을 사지요?" "우리가 빌려주면 되지." "아, 알았어요. 다른 나라 사람들은 우리 돈으로 우리 물건을 사게 되는 거군요. 물론 이 빚은 우리에게 물건을 팔아서 갚게 되겠지요?" "아니, 아니, 절대로 아니야. 우리는 관세라고 불리는 높은 벽을 세워 놓고 있단다." "그러면 다른 나라 사람들은 우리한테 진 빚을 어떻게 갚지요?" 엘리스가 마지막으로 물어 보았습니다. "그것도 모르니. 너는 지불 유예(moratorium)라는 말도 들어본 적이 없니?" 험프티 덤프티의 대답이었습니다. 여러분, 이래서 결국 우리는 소위 1928년에 이루어진 요술과 같은 처방에 이르게 된 것입니다.

Herbert Feis, *The Diplomacy of the Dollar: First Era 1919-1932*, Johns Hopkins

화당 연합을 이루고 있던 노동과 농업 부문의 사회 세력들이 공화당을 등지게 하는 직접적 원인이 되었다. 그뿐만 아니라 공화당 연합의 핵심이던 산업, 금융 자본의 대부분도 대공황의 심화와 사회적 불안에 직면하여 더 이상 1896년 체제의 진부한 신고전주의적 처방을 신뢰하지 않게 되었다. 이들 중 상당수가 더 이상 시장 자체가 주어진 시간 내에 스스로 치유할 수 있으리라고 믿지 않게 되었고, 계획적 조정과 질서, 안정화, 감독 등의 필요성을 깨닫게 된 것이다.[23]

1932년 선거에서 루즈벨트와 민주당의 처방은 이와 달랐다. 민주당은 대공황의 늪에서 벗어나기 위해 경제와 사회에 연방 정부가 직접 개입하겠다고 공약했던 것이다. 우선 실업자 구제에 있어서 "재원이 부족한 주 정부에 대해 연방 정부가 재정을 지원할" 것이며, 실업 보험과 노후 보장 보험제도를 도입할 것임을 약속하였다. 또 농업문제에 대해서도 농가부채와 파산을 해결하기 위해 파산 방지와 파산된 농가의 회복을 위한 저리의 대출을 공약하였다. 또한 민주당의 정강은 금융기관의 규제, 퇴역군인에 대한 연금 지급, 그리고 금주령의 철폐[24]까지 포함하고 있었다. 민주당과 루즈벨트는 대공황에 처해 있는 미국의

University Press, 1950, p. 14. Frieden, "Sectoral Conflict and Foreign Economic Policy," p. 83에서 재인용.

23 Goutrvitch, *Politics in Hard Times*, p. 149.

24 1910년대 금주령(수정 헌법 18조)의 실시가 단순히 도덕적, 종교적 요구뿐 아니라 생산성 향상과 산업재해 방지라는 경제적 요구에 의해 추진되었듯이, 그 철폐 역시 개인의 자유권의 이슈를 넘어서는 경제적·정치적 의미를 지니고 있다. 금주령을 해제하여 주류의 소비를 합법화함으로써 주류의 생산, 유통 과정에서 대규모의 조세 수입을 거두어 정부의 세입을 늘릴 수 있었던 것이다. 또 당시 대기업들은 주세라는 대체 세원이 마련됨으로써 기업과 개인에 대한 소득세율을 낮출 수 있다고 판단하였다. 듀퐁사(DuPont)와 같은 대기업들이 금주령의 해제를 강력히 지원했던 것은 이 같은 계산 때문이었으며, 따라서 금주령 철폐 공약은 대기업들이 민주당을 지지하게 된 유인 중의 하나로 작용하였다고 볼 수 있다. Ferguson, "From Normalcy to New Deal," p. 73.

경제와 사회에 연방 정부가 적극적으로 개입하는 대응책을 제시하였고, 이는 공화당의 정책과 큰 차이를 가지고 있는 것으로 당시 사회 세력들에게 명확한 선택의 기회를 주게 된 것이다. 이에 따라 농업과 노동 이외에도 공화당 연합을 이탈한 산업·금융 자본이 민주당을 지지하게 되었다.

1896년 체제는 이렇게 붕괴되었다. 선거 후 행정부와 의회를 장악한 루즈벨트는 이른바 '100일간의 밀월기간'(Hundred Days' Honeymoon)에 실현된 일련의 정책을 통하여 30년간 지속되어 온 공화당 연합의 경제정책을 개혁했다. 그러나 뉴딜 연합과 뉴딜 정책, 그리고 자유주의 무역정책이 이 당시 이루어진 것은 아니다. 국내 경제정책에 있어 새 행정부는 '국가산업부흥법'(National Industrial Recovery Act: NIRA)을 제정하여 사회 세력들의 대표들로 구성되는 '국가부흥위원회'(National Recovery Administration)로 하여금 상품의 질과 가격, 그리고 생산량을 조정하는 역할을 수행하도록 했다. 이 위원회의 핵심은 공화당 연합의 주축을 이루던 산업 및 금융 자본이었다. 단 NIRA는 노동의 단체행동권을 합법화하고 노동에도 조합주의적 대표권을 부여했다. 농업에 대해서도 루즈벨트 행정부는 '농업 구조조정법'(Agricultural Adjustment Act)을 통해 가격, 생산량, 유통의 전 단계에 개입하여 농산물 가격을 상승시키려 했다. 루즈벨트 행정부의 초기 경제정책은 후버 행정부의 후기에 시도되었던 경제정책과 같이 기본적으로 국내 지향적인 것이었으나 국가의 역할이 강화된 코포라티즘적 성격을 지니고 있었던 것이다.[25]

---

25   이러한 정책이 후버 행정부가 말기에 추진하던 정책과 유사하다는 점에서 거비치는 루즈벨트가 후버의 기본 정책에 국가의 역할 강화를 접목시켰다고 평가하고 있다. Gourevitch, *Politics in Hard Times,* pp. 149-150.

대공황에 대한 루즈벨트 행정부의 초기 대응은 또한 '민족주의적'인 것이었다. 우선 미국은 금본위제를 포기했고 국제통화 안정을 위한 런던회의(London Conference)를 무산시켰다. 또한 스무트–홀리에 의해 폭등한 관세율을 소폭 인하했을 뿐 보호주의 정책을 개혁하려는 노력에 전혀 관심을 두지 않았고, 다만 미국의 수출 증대에만 역점을 두었다. 즉, 루즈벨트 행정부 초기 미국의 무역정책은 여전히 1896년 체제의 보호주의 정책을 답습하고 있었다.

1933-34년까지 추진된 소위 '제1단계' 뉴딜 정책의 이러한 특성은 1932년 선거를 통해 결성된 민주당 연합의 성격을 통해 이해될 수 있다. 민주당 연합에 가담한 자본은 기본적으로 노동집약적이고 국내시장 의존적인 산업자본과 이들에 투자하고 있는 금융자본으로 소위 '국내파'(nationalist) 자본들이었고, 이들은 공화당의 신고전주의적 처방의 한계를 감지하고 국가 개입의 증대와 노동과 농업에 대한 어느 정도의 양보가 불가결하다고 인식하고 있었다.[26] 그러나 대외 경제정책에 관한 한, 민족주의적·보호주의적 정책이 양보될 수 있는 것은 아니었다.

이렇게 이루어진 초기 뉴딜 연합은 내부의 균열과 갈등을 지니고 있는 과도기적인 것이었다. 우선 자본의 경우 이들 간의 이해관계를 자율적으로 조정하는 것이 쉽게 이루어질 수 없음이 곧 판명되었다. 즉 코포라티즘적 정책은 신고전주의적 정책하에서 누리던 이익을 어느 정도 포기해야 하는 부담을 이들이 자율적으로 분배하도록 했으나, 자연히 이들 간에 갈등이 유발되었다. 이 기간에 미국 경제의 복구 속도가 완만했던 것도 이 갈등이 원만히 해결되는 것을 가로막았다. 이

---

26   Ferguson, "From Normalcy to New Deal," pp. 79-84.

같이 자율적 조정이 어려운 상황에서 이들 간의 타협을 강제할 수 있을 만큼 강력한 국가 기구도 결여되어 있었으므로 국내파 자본들은 점차 초기 뉴딜정책의 실효성을 의문시하게 되었다.[27] 노동의 문제도 초기 뉴딜 연합에 내재되어 있던 핵심적인 모순이었다. CIO(Congress of Industrial Organization)를 중심으로 한 노동은 루즈벨트 행정부에 전폭적인 지지를 보내고 있었고 거의 모든 정책을 지지하였다.[28] 그러나 뉴딜 연합에 참여한 국내파 자본은 노동집약적 산업이 주축을 이루고 있었으므로 노동정책에 있어 이들과 노동의 이해는 정합게임(zero-sum game)적이었다. 따라서 이들로서는 노동의 조직권을 인정하는 것만도 양보하기 어려운 것이었고, 이는 루즈벨트 행정부 초기 민주당 연합과 자본, 자본과 노동 간의 갈등의 원천이었다. 게다가 조직권을 인정받은 노동은 CIO를 중심으로 보다 급진화되어 갔고 연합 내 노동-자본 간의 관계는 1935년 대법원에 의해 NIRA의 합헌성이 부인되면서 더욱 악화되었다.

이러한 상황에서 국내파 자본을 대체하는 새로운 파트너로 대두된 것이 국제파(internationalist) 자본이다. 미국 경제가 성장하면서 대외적 팽창도 자연히 진행되었는데, 일차대전 후 특히 가속화하였다. 1929년 당시 미국의 직·간접 해외투자는 210억 달러로 이는 국민총

---

27 Gourevitch, *Politics in Hard Times*, pp. 150-151.
28 루즈벨트가 노동에 진 빚보다는 노동이 루즈벨트에 진 빚이 많다는 것이 당시의 평가였다. 즉 루즈벨트가 새로운 연합의 한 축으로서 CIO를 주축으로 한 노동을 선택했고 노동의 이익을 상당히 반영하는 정책을 폈다는 것이며, 당시의 정치적 상황에서 이는 루즈벨트가 선거에서 승리하고 자신의 정책을 추진하는 데 '반드시' 필요한 것은 아니었다는 것이다. 당시 노동계의 지도부들은 실제 이와 같이 생각했고 따라서 루즈벨트의 정책들을 무조건적으로 지지했다. Steve Fraser, "The 'Labor' Question," in Steve Fraser and Gary Gerstle, eds., *The Rise and Fall of the New Deal Order*, Princeton University Press, 1989, pp. 55-84 참조.

생산의 20퍼센트에 이르렀으며 이러한 비중은 1981년에야 다시 도달될 정도였다.[29] 월스트리트의 경우 일차대전 이후 1929년까지 매년 해외 여신 규모가 10억 달러 정도였는데 이는 총 여신액의 6분의 1에 달하는 것이었고, 1930년대 초반에는 3분의 1 규모로 증대되었다. 미 기업의 해외 직접투자도 1920년대에 크게 증대되어, 자동차, 기계, 석유, 고무 등 산업의 경우 해외 자산이 고정자산의 15-25퍼센트에 달하였다.[30] 또한 이러한 기업들은 해외시장에 대한 의존도가 높았다. 이들은 해외 시장에서 높은 경쟁력을 지니고 있어서 수출이 판매고의 큰 비중을 차지하거나 또는 원자재의 확보를 해외 시장에 의존하고 있었다. 따라서 이러한 국제주의 자본에 있어 세계질서의 안정과 자유무역의 확대는 중대한 이익이었다. 이들은 윌슨 시기부터 '대외관계위원회'(Council on Foreign Relations) 등을 중심으로 개입주의적 외교정책과 자유무역의 확대를 주창하여 왔고, 대공황을 타개하기 위해 미국이 주체가 되어 국제 통화·무역질서를 안정화하는 것이 급선무라고 주장했다.[31]

국제주의 자본이 지닌 중요한 특성은 이들이 노동에 대해 보다 타협적이었다는 점이다. 노동집약적인 국내파 자본에 비해 이들은 보다 자본·기술집약적이었고, 따라서 임금 상승에 큰 위협을 받지 않았다. 오히려 이들은 노동에 대한 탄압이 노동운동의 급진화를 유도한다고 간주하고 사회 질서의 유지를 위해서도 노동의 대표권을 인정하고 산업관계를 비대립적(non-confrontational)으로 설정해야 한다고 보았다. 이에 따라 국제주의 자본은 일찍부터 '산업관계협의회'(Industrial

---

29   Frieden, "Sectoral Conflict and Foreign Economic Policy," p. 63.
30   *Ibid.*, pp. 63-67.
31   Ferguson, "From Normalcy to New Deal," pp. 63-68.

Relations Counsellors)와 '테일러 협회'(Taylor Society) 등 노동권의 보호를 위한 운동을 지원하였다.[32]

이러한 국제주의 자본은 수적으로는 국내파 자본에 비해 열세에 있었기 때문에 1920년대를 통해 공화당 연합의 민족주의적 대외 경제정책과 고립주의적 외교정책을 수정하려는 시도가 번번히 실패하곤 했다. 그러나 미국 경제의 해외의존도가 높아지면서 대외 경쟁력을 갖춘 선도 산업으로서 이들의 영향력은 점차 강화되었다. 특히 헤어날 길이 보이지 않던 대공황의 시기에 세계 무역이 점차 회복세에 들어서면서 이들의 정치적 입지는 보다 강화되었다. 이들이 국내파 자본을 대치하고 뉴딜 연합의 새 파트너가 될 수 있었던 것은 이들의 타협적 노동정책이었다. 이들은 노동권과 임금정책에 있어 보다 타협적일 수 있었으므로 노동과의 장기적 제휴가 가능했고 당시 루즈벨트 행정부의 수요 창출 정책의 강력한 지지세력이 될 수 있었던 것이다. 뉴딜의 제2단계가 시작되는 1936년경 이들은 마침내 국내파 자본을 대치하고 노동, 농업과 함께 지배적인 정치 연합을 구축하게 되었다.

이렇게 하여 제2단계 뉴딜정책의 연합이 결성되었고, 무역정책에 있어서도 국제주의자가 지배적인 정책 연합으로 등장하였다. 국제주의자 중심의 정책 연합은 또한 무역정책 결정과정의 제도적 변화에 의해 강화되었다. 앞에서 살펴보았듯이 보호주의 시기의 무역정책 결정과정은 곧 의회 중심의 관세책정 과정이었고, 이는 외국의 비교우위를 상쇄한다는 원칙에 기초하고 있었다. 이 같은 제도하에서 보호주의 세력의 영향력은 당연히 강화될 수밖에 없었고 자유무역에 대한 요구는 간과되곤 했던 것이다. 따라서 새로운 무역정책 연합을 지탱하는 제도

32 *Ibid.*, pp. 68-70.

적 변화가 수반되어야 했다. 이것이 바로 1934년 제정된 호혜통상법 (Reciprocal Trade Agreements Act: RTAA)의 의미이다.

RTAA는 외국과의 호혜협정을 통하여 기존 관세의 50퍼센트까지 인하할 수 있는 권한을 대통령에게 부여했다. 관세 책정권이 의회로부 터 행정부로 이전되었다는 것은 이후 자유주의 무역정책이 추진되고 유지되는 데 중대한 영향을 미쳤다. 공화당 패권기의 의회가 아니더라 도 의회는 그 속성상 이익집단의 압력에 취약하고 국지적(parochial) 이익에 민감할 수밖에 없다. 따라서 보호주의의 요구를 거부하고 자 유주의 정책을 추진해 나가는 데 적합하지 않으며, 스무트-홀리의 경 험에서 드러나듯이 의회가 '통나무 굴리기' 식으로 보호주의의 혜택 을 '떡고물 나누기' 할 경우 무역정책의 파탄이 일어날 수 있다. 더욱 이 당시와 같이 보호주의와 자유주의의 대립이 심각한 경우 의회의 정 책 결정은 '교착상태'(deadlock)에 빠질 수도 있다. 이에 비해 행정부 는 국지적 특수이익을 무시하고 다수의 이익을 보호하는 정책을 추진 할 수 있다. 또한 즉각적인 경제적 이익보다 중장기적인 이익, 그리고 비경제적이나 국가의 사활적 이익을 우선적으로 보호할 수 있다. 그리 고 RTAA의 입법이 당시 국무장관 헐(Cordell Hull)에 의해 추진되었 고,[33] 이후 본격적인 무역협상에서 국무부가 주도적인 역할을 담당하 게 된 것도 미국의 무역정책이 보호주의적인 틀에서 벗어나 국제주의 적 방향으로 전환하는 데 큰 도움이 되었다. 관세책정권이 의회로부터 행정부로 이전된 것은 곧 보호주의 집단들의 요구와 압력을 차단하고 최소한 포괄적 무역정책에 있어서 자유주의 정책이 추진되는 데 제도 적 기초가 된 것이다.[34]

---

33   RTAA 입법과정에 대해 Pastor, *Congress and the Politics of Foreign Economic Poli-cy*, pp. 84–93을 참조하라.

이후 루즈벨트의 2차, 3차 임기 동안 무역정책의 자유화는 서서히 추진되었다. 당시의 세계 경제가 대공황의 수렁에서 아직 빠져 나오지 못하고 있었고 세계 무역질서가 너무나 훼손되어 있었기 때문이었다. 그러나 1936년경에는 미국과 영국, 프랑스 간에 금본위제로의 복귀와 환율 안정을 위한 협정이 체결되었고 여러 무역상대국과의 무역협상이 진행되었으며 국제자본시장의 정상화를 위한 협상 역시 추진되었다. 또 1939년에는 RTAA가 적용되는 대상이 총수입의 60퍼센트에 이르게 되었고, 1945년에는 의회가 RTAA를 다시 연장시키게 되었다. 미국 무역정책이 강력한 보호주의적·민족주의적 성격을 탈피하고 자유주의적 방향으로 전환되어 갔던 것이다.

이차대전이 끝나고 냉전이 시작되면서 미국의 자유주의 정책은 본격화되었다. 〈표 2-2〉에 나타나듯이 미국의 관세율은 계속 하락하여 도쿄 라운드 이후 10퍼센트 미만이 되었다. 이 시기 미국은 스스로 자유주의 정책을 추구한 것뿐 아니라 세계 자유무역질서의 수립을 주도했고 이후 상당 기간 자유무역질서의 유지를 정책목표로 삼았다. 이는 패권안정론자들이 지적하듯이 자유주의 세계 무역질서의 정치적·

---

34 많은 제도론자들이 이러한 점에서 RTAA를 이차대전 후 미국의 자유무역정책의 제도적 기반으로 보고 있다. 대표적으로 Haggard, "The Institutional Foundations of Hegemony," pp. 91-119를 참조하라. 그러나 RTAA는 제도적 '기반'일 뿐 '원인'은 아니라고 보아야 한다. 즉, RTAA에 의해 대통령으로 무역정책 권한이 이전됨으로써 자유주의 정책이 추진된 것은 아니라는 것이다. 이러한 주장에 따르면, 초기 루즈벨트 행정부는 외교적·경제적 목적에 따라 자유주의 정책을 추진하려 했으나 관세책정권을 의회가 장악하고 있었기 때문에 보호주의 정책이 유지되었다는 해석이 제시된다. 앞에서 살펴보았듯이 이는 사실이 아니다. RTAA에 의한 무역정책 결정 권한의 이전이 이루어지지 않았을 경우 이후 자유주의 정책이 추진·유지되는 데 여러 가지 심각한 도전이 있었을 것이다. 그러나 국제주의자 중심의 지배적인 정치 연합이 없었더라면 RTAA는 자유무역이 추진되는 데 아무런 영향도 미치지 못했을 것이다. 이런 점에서 프리든과 퍼거슨에 대한 해거드의 비판은 오히려 거꾸로 된 것이다. *Ibid.*, pp. 97-99, 119.

표 2-2. RTAA 후 미국의 관세 인하

시기	인하대상품목 비율	대상품목 인하율	총인하율	관세율/1930년 관세율
RTAA-GATT(1934-1947)	63.9%	44.0%	32.2%	66.8%
GATT 1차협정(1947)	53.6%	35.0%	21.1%	52.7%
GATT 2차협정(1949)	5.6%	35.1%	1.9%	51.7%
GATT 3차협정(1950-1951)	11.7%	26.0%	3.0%	50.1%
GATT 4차협정(1955-1956)	16.0%	15.6%	3.5%	48.9%
딜론 라운드(1961-1962)	20.0%	12.0%	2.4%	47.7%
케네디 라운드(1964-1967)	79.2%	45.5%	36.0%	30.5%
도쿄 라운드(1974-1979)	n.a.	n.a.	29.6%	21.2%

출처: Robert E. Baldwin, *Trade Policy in a Changing World Economy*, Harvester, 1988, p. 20, Table 2.1.

경제적 필요성이 미국에 있었고, 또 이를 수립·유지하는 비용을 감당할 능력을 미국이 지니고 있었기 때문에 가능했다. 그러나 그 국내 정치적 기반에는 앞에서 살펴본 뉴딜 연합과 국제주의 자본의 이익이 있었기 때문에 자유무역정책이 온전히 유지될 수 있었던 것이다.

IV. 뉴딜 연합의 변화와 수정주의의 대두

1950년대와 60년대는 자유무역정책이 공고해진 시기였다. 아이젠하워 시기의 특수한 경우를 제외하고는 민주당의 뉴딜 연합이 지속되고 있었고, 자유주의적 무역정책과 개입주의적 외교정책은 큰 도전을 받지 않았다. 몇 가지 요인들이 이에 공헌하였다. 우선 이 시기 미국의 경제력은 세계 경제에 있어서 패권적 지위를 유지하고 있었다. 1950년 미국의 GNP는 OECD 전체 국가 GNP의 60퍼센트에 달하고 있었고 미국 무역량은 세계 무역량의 3분의 1을 차지하고 있었다. 이는 1960년에 이르러 각각 54퍼센트와 30퍼센트로 하락했고, 다시 1970년에는 47퍼센트와 29퍼센트로 소폭 하락하였으나 미국의 경제적 패권은 여전하였다.[35] 이같은 경제적 부는 미국으로 하여금 대외적으로는 자유무역질서 유지와 확대의 비용을, 그리고 대내적으로는 자유무역질서에 따른 구조 조정과 피해 구호의 비용을 감당할 수 있게 해 줌으로써 미국의 자유무역정책이 대내외적으로 큰 갈등을 수반하지 않고 추진될 수 있었다. 이는 또한 행정부가 경제적 이익보다 외교·안보적 고려에 우선하여 무역정책을 추진할 수 있는 배경이 되었다.

둘째로 세계 경제에 대한 미국 경제의 의존도가 크게 증가한 것도 자유주의 정책이 지속될 수 있었던 요인이었다. 1920년대 초반 국내 총생산의 2퍼센트에 불과했던 수출은 1960년에는 9퍼센트로 증가했고, 1970년대에는 20퍼센트에 이르게 되었다. 수입 역시 1921년 국내 총소비의 2.5퍼센트에서 1960년에는 5퍼센트로, 그리고 1970년대 말에는 20퍼센트로 증대되었다. 미국 기업들의 초국적성(multinationality) 역시 크게 증대되어 미국 기업의 해외 직접투자가 1950년에는 118억 달러에 이르렀고, 1970년에는 860억 달러로 급증하였다. 또 1970년 이들의 해외자산은 총자산의 20퍼센트에 달하였다.[36] 따라서 미국 경제는 세계 경제에 보다 의존적이 되었고 세계 자유주의 무역질서의 유지가 미국 경제의 안정에 직결되었던 것이다.

따라서 1950년대에 이르러 자유무역정책에 대한 도전은 거의 사라졌고 사회 세력들과 정치 세력들 간에 자유주의 정책에 대한 합의가

---

35   Henry Nau, *The Myth of American Decline,* Oxford University Press, 1990, p. 64.

36   Helen V. Milner, *Resisting Protectionism: Global Industries and the Politics of International Trade,* Princeton University Press, 1988, pp. 26-28.

이루어지게 되었다. 1945년 RTAA에 의한 대통령의 무역정책권이 의회에 의해 연장된 후, 자유주의와 국제주의적 정책에 대한 최대의 도전은 1953년 아이젠하워 행정부 출범 직후에 도래했다. 즉, 의회와 행정부를 장악한 공화당이 십여 년간 지속되어 온 자유주의 정책을 보호주의로 복귀시킬 수 있다는 우려가 제기되었던 것이다. 그러나 아이젠하워 행정부는 기존 정책을 강력히 고수했고, 공화당 통제하의 의회도 아이젠하워의 정책을 전폭적으로 지지했다.[37] 이 시기에 이르면 이미 공화당 내의 보호주의 세력은 크게 위축되었으며, 외교정책과 무역정책에 있어서 국제주의와 자유주의라는 대원칙에는 공화, 민주 양당 간 초당적 합의를 이룬 것으로 볼 수 있다.[38] 이 합의하에 이후의 행정부들이 자유무역의 확대를 추진해 올 수 있었던 것이다.

마지막으로 보호주의의 영향력을 차단하는 제도적·정치적 장치들이 고안되어 온 점을 들 수 있다. 우선 자유무역질서를 수립하면서 농업을 대상에서 제외시켰다. 수입 농산품과의 경쟁으로 농업 부문이 보호주의 세력화되어 포괄적 무역정책에 영향력을 미칠 가능성을 미연에 방지했던 것이다. 또한 자유무역질서하에서 필연적으로 생겨날 보호주의적 이익이 어느 정도 반영될 통로가 설치되어 이들의 영향력이 포괄적 무역정책 전반에 압력을 가하지 못하게 만들었다. 예컨대 자유화의 면책조항(escape clause)이나 반덤핑 관세, 상계관세 등의 제도적 장치가 계속 고안되어 보호주의적 요구에 대한 안전 밸브 역할을 하였던 것이다. 그러나 이렇게 제도화된 보호주의적 혜택은 객관적 기준과 절차에 의해 산업 부문별로 분배됨으로써 무역정책과정이 정

37 Bauer, *et al.*, *American Business and Public Policy*, ch. 2.
38 Thomas E. Mann, "Making Foreign Policy: President and Congress," in Mann, ed., *A Question of Balance*.

치화되는 것을 방지하였다.[39]

1960년대까지 지속되던 미국의 자유무역정책은 1970년대에 들어서면서 흔들리게 되었다. 자유무역의 경제적, 정치적, 제도적 기반이 붕괴되기 시작했기 때문이다. 우선 1970년대 이후 미국 경제의 상대적 지위는 급격히 하락했다. 미국 경제가 여전히 세계 최강의 위치에 있는 것은 사실이었으나 1980년에 이미 미국의 GNP는 OECD 전체 국가 대비 3분의 1 수준으로 하락했고, 대부분의 산업 부문에서 독일과 일본 등 급속히 성장한 국가들의 도전에 직면하게 되었다. 따라서 자유주의 정책에 대한 대내외적 저항을 극복할 수 있는 능력이 크게 위축되었던 것이다. 특히 무역에 있어서 상황은 1980년대에 들어 급격히 악화되었다. 소위 레이거노믹스(Reaganomics)의 고금리, 재정 적자, 강한 달러(strong dollar) 정책은 미국 산업의 대외 경쟁력을 악화시켰고, 이는 곧 무역 적자의 급등으로 이어졌다. 1970년대 중반 이후 적자를 기록하던 미국의 무역수지는 1980년대 초반까지 3백억 달러 미만의 수준에 머물고 있었으나, 1983년 이후 급등하기 시작하여 1980년대 중반에는 1,500억 달러를 돌파하였다.

천문학적인 무역 적자의 지속은 그 경제적 효과는 차치하더라도 정치적으로 자유무역정책에 큰 타격을 주었다. 무역 적자의 급증이 자연히 보호주의 세력을 강화하는 계기가 되었기 때문이다. 1980년대의 무역 적자가 수입의 급증으로 야기된 것이므로 수입품의 범람과 국내 산업의 파산이 동시에 진행되는 경우가 많았고, 이는 보호주의의 호

---

39 Destler, *American Trade Politics*, pp. 11-38. 이러한 성격의 자유무역질서를 애거왈은 '자유주의적 보호주의 질서'(liberal protectionism)라고 불렀다. 포괄적 무역정책에 있어서 자유주의를 견지하기 위해 부문별 보호주의 혜택이 제공되었다는 것이다. Aggarwal, *Liberal Protectionism* 참조.

소력을 크게 증대시켜 주었던 것이다. 더욱이 무역수지의 악화는 기초 제조업 분야와 자동차 등 고용효과가 큰 산업 부문에 집중되었다. 즉, 수입품과의 경쟁에서 패배하여 붕괴되어 가던 산업 부문이 주로 노동집약적인 기초제조업과 고용효과가 크고 전통적으로 조직노동을 선도하는 자동차·철강 등이었던 것이다. 그 정치적 효과는 곧 드러났다. 1970년대 초반 이후 AFL-CIO, UAW, ILGWU 등 조직노동의 대부분이 자유주의 정책에 대한 지지를 철회하기 시작하였고, 1980년대에 이르러 이들은 강력한 보호주의 세력을 형성했다.

1980년대 이래 강력한 보호주의 법안들의 대부분은 AFL-CIO를 중심으로 한 조직노동에 의해 입안되고 추진되어 왔다고 해도 과언이 아니다. 이는 무역정책상의 지배적인 정책 연합으로서 뉴딜 연합이 그 한 축을 상실한 것 이상의 의미를 지닌다. 앞에서 논의한 바와 같이 자유무역정책에 대한 노동의 지지가 뉴딜의 임금, 노동, 복지정책과 '교환적'인 것이었고, 따라서 뉴딜 이래 자유주의 정책에 대해 노동이 한 번도 강력하고 자발적인 지지를 제공한 적이 없다는 점을 고려하여 노동의 반대를 경시하는 것은 잘못이다. 또한 자유주의 정책의 추진력이 국제주의 자본과 국가기구에서 비롯되었다는 점을 강조하여 노동의 반자유주의화를 무시하는 것 역시 잘못이다. 이차대전 이후 자유주의 질서가 확대되면서 크게 약화되었던 보호주의 세력이 노동의 반자유주의화로 인해 부활되어 포괄적 무역정책과정에도 다시 강력한 정치세력으로 등장하게 되었다는 데 중대한 의미가 있다. 포괄적 무역정책과정이 다시 정치화된 것이다.[40] 이는 자유무역정책과 자유주의 정책

---

40 포괄적 무역정책 결정과정이 다시 정치화된 것, 즉 보호주의의 압력이 부문별 정책에 국한되지 않고 포괄적 정책에도 확산되게 된 데는 보호주의 압력을 차단하는 데 기여했던 제도적 장치들이 효용성을 잃은 데에도 원인이 있다. 앞에서 설명한 바와 같이, 이 제도적 장치

연합에 심각한 도전을 가져왔다.

미국경제의 상대적 지위가 약화되고 기초제조업을 중심으로 산업경쟁력이 취약해진 반면, 미국 경제의 대외의존도는 지속적으로 증대되어 왔다. 이러한 경향은 1980년대를 통해 더욱 강화되었다. 〈표 2-3〉에도 드러나듯이 미국 경제의 무역의존도는 이미 보호주의로의 복귀를 상상하기 힘들 정도로 심화되었다. 이러한 경향은 당연히 자유주의 세력을 강화시켜왔고, 이들은 1970~80년대를 통하여 보호주의 세력을 저지하는 데 있어 행정부의 동반자 역할을 성공적으로 수행해 왔다.[41] 더욱이 무역의존도가 높은 산업의 상당수는 미국 경제의 성장 동력을 제공하는 소위 '유망 산업'(blue ribbon industry)이며 고부가가치의 첨단 산업들이다. 이 산업들의 기반을 무너뜨릴 정도의 보호주의로 회귀한다는 것은 미국 경제에 치명타가 될 수 있다. 이런 점에서 강력한 보호주의는 그 정당성과 실현성을 잃게 되었고, 이 산업들

들은 반덤핑 관세에서 상계관세에 이르기까지의 수입피해구제의 공급과정을 준사법화함으로써 보호주의적 요구의 정치화를 막으려 한 것이었으나, 이는 내재적 한계를 지니고 있었다고 보아야 한다. 즉, 무역 상황이 악화되고 국내 산업의 피해가 커짐에 따라 이러한 제도적 장치에 대한 수요는 급증한 반면 자유주의 정책의 틀 안에서 제공될 수 있는 공급의 양은 제한될 수밖에 없었던 것이다. 골드스틴이 밝히고 있듯이, 수입피해구제에 대한 요구는 1970년대와 1980년대를 통하여 크게 증가했으나 무역위원회에 의한 긍정적 판정의 수는 증가되지 않았다. Judith Goldstein, "The Political Economy of Trade: Institutions of Protection," *American Political Science Review*, 80:1 (1986), pp. 161-184. 또한 ITC의 긍정적 판정에도 불구하고 수입피해구제 요구가 대통령에 의해 거부되는 경우도 증대했다. 이에 따라 보호주의 세력은 ITC를 통한 준사법적 장치에 점차 회의적이게 되었다. 더욱이 레이건 행정부에 이르면, ITC의 판정은 무시한 채 정치적 영향력이 강한 철강 산업 등에 대해 수출자율규제(Voluntary Export Restraints: VER) 등을 통해 비공식적으로 보호주의적 혜택을 제공하는 경우가 증대되었는데, 이는 정치적 영향력이 강한 다른 보호주의 집단들을 '정치화'하기에 충분한 유인이 되었다. Nivola, "Trade Policy," pp. 201-254. 수입피해구제를 준사법화함으로써 보호주의 압력을 차단하려는 로위(Theodore Lowi) 식의 제도적 장치는, 공급이 한정적일 수밖에 없는 그 내재적 한계 때문에, 무역 상황이 악화되고 보호주의에 대한 요구가 증대됨에 따라 점차 그 효과를 상실해 온 것이다. Theodore Lowi, *The End of Liberalism*, W. W. Norton, 1969.

표 2-3. 상품별 수출의존도(1981)

상품	수출액/생산액	상품	수출액/생산액
항공기 및 부품	45%	산업용 비유기 화학제품	20%
반도체	42%	비료	31%
전자계산기구	28%	농기구	42%
과학기구	40%	트랙터 및 부품	63%
자동차 부품	30%	밀	77%
건축 토목 장비	38%	면화	52%
전기계측기구	31%	대두	50%
증기기관	28%	옥수수	39%
인조섬유	25%	쌀	32%

출처: The President's Commission on Industrial Competitiveness, *Global Competition,* Vol. II: *The New Reality,* Jan. 1985, p. 181.

의 영향력은 증대되어 왔다.

그러나 이 첨단 산업들 중 상당수는 전형적인 자유무역정책만을 신봉했던 것은 아니다. 미국 산업의 대외 경쟁력 저하가 뚜렷해진 1970년대 후반 이후 전통적인 자유주의-보호주의의 틀로 파악하기 어려운 새로운 형태의 요구가 첨단 산업을 중심으로 형성되었다. 이들은 기존 정책의 변화를 요구하며 미국 무역정책이 자유주의의 틀을 유지하되 보다 공격적이고 자국 중심적인 방향으로 추진되어야 한다고 주장해 왔다. 예컨대 폐쇄적인 해외시장의 개방과 공정한 무역관행의 보장을 적극적·공격적으로 요구하는 공정무역(fair trade)정책이라든가, 양국 간의 무역량을 통제하는 관리무역(managed trade), 고부가가치산업의 대외경쟁력 육성을 국가에 요구하는 전략적 무역(strategic trade), 양국 간 무역에 있어 부문별로 무역상 혜택을 교환하자는 부문별 호혜론(sectoral reciprocity) 등이 그것이다.

---

41 Milner, *Resisting Protectionism*; I. M. Destler and John S. O'Dell, *Anti-protection: Changing Forces in United States Trade Politics,* Institute of International Economics, 1987.

　수정주의적 자유주의(revisionist liberalism)로 분류할 수 있는 이 요구들은 대체로 반도체 등 심각한 국제경쟁에 직면한 산업 부문을 중심으로 분출되었다. 이 산업들은 대체로 규모의 경제와 막대한 R&D 비용 때문에 거대한 시장의 확보가 생존의 필수조건이다. 1970년대 이래 항공기, 반도체 산업 등의 예에서 보듯이, 이들은 자신들의 경쟁력 약화 원인이 외국 정부들이 자국 산업의 육성을 위해 국내시장을 폐쇄하고 자국 산업을 보조하는 데 있다고 주장했다.[42] 따라서 공정무역이나 관리무역, 전략적 무역정책 등을 통하여 미국 첨단 산업의 경쟁력을 확보하도록 하고 미국 산업에 대한 외국의 불공정 무역 관행을 철폐하도록 하며, 나아가 해외 시장의 일정 부분을 양보받도록 하자는 것이다.

　1980년대 중반 이후 증대되어 온 미국의 해외시장 개방 압력과 미 무역법 301조를 통한 타국의 불공정 무역 관행의 철폐 압력 등은 이러한 요구를 반영하고 있는 것이다. 미일 반도체협상이 성공을 거둔 1980년대 말 이후 이러한 수정주의적 요구가 많은 산업 부문으로 확대되어 갔다. 자유주의 정책의 핵심적 지지세력이던 초국적 기업들의 상당수, 그리고 해외시장에 의존적인 첨단 산업 부문의 상당수가 수정주의를 포용하기 시작한 것이다. 심지어 노동을 비롯한 보호주의 세력 역시 전략적 이유로 수정주의적 정책을 요구하기도 하였다.

　이러한 수정주의 세력은 기본적으로 무역 의존적 이익을 지니고 있으므로 전형적인 보호주의 정책을 지지하지는 않으며 오히려 반보호주의 정책의 중요한 축이다. 그러나 수정주의 정책이 일방주의적(unilateral)이고 공격적이며 자국 중심적인 정책을 추구한다는 점에

42　Milner and Yoffie, "Between Free Trade and Protectionism," pp. 239-272.

서 기존 세계 자유무역질서를 불안정하게 하고 미국의 자유무역정책을 약화시킬 가능성을 지니고 있다.

1970년대 이래의 경제적 변화는 뉴딜 이래 추구되어 온 자유무역정책의 사회적·정치적 기반을 변화시켜 왔다. 특히 두 가지 변화의 의미가 중대하다. 자유주의 정책 연합으로부터 노동의 탈퇴와 노동을 중심으로 한 보호주의의 부활, 그리고 수정주의적 자유주의의 형성과 확산이 그것이다. 1980년대 이후 미국 무역정책에 자국 중심적이고 반자유주의적 성향이 강화되고 있는 것은 이러한 사회적·정치적 변화를 반영하고 있는 것으로 이해할 수 있다. 또한 우루과이 라운드(Uruguay Round: UR)를 통한 다자주의적 자유무역 확대를 주도함과 동시에 NAFTA나 APEC 등을 통한 지역주의적 접근을 추구하고, 미·일 포괄협상(Framework Talks)과 수퍼 301조의 부활 등에서 보여지듯이 공격적인 일방주의적 정책을 강화하는 등, 미국의 포괄적 무역정책이 무방향적이고 비일관적인 점 역시 이러한 맥락에서 이해될 수 있다. 즉 사회적·정치적 기반으로서의 자유주의 세력의 지배가 막을 내리고, 자유주의, 보호주의, 수정주의 세력들이 혼재하며 가가 무시 못할 영향력을 행사하고 있는 데 그 원인이 있다고 할 수 있다.

제3장

분석 I: 1988년 종합무역법의 입법과정

1989년 5월 25일 미 무역대표부(United States Trade Representative: USTR)는 일본, 브라질, 인도 등 3개국을 불공정 무역국으로 지정하고, 6개 부문의 우선협상대상 불공정 무역 관행을 선정하여 발표했다. 대공황 직전의 '스무트-홀리 관세법' 이래 최초로 의회가 주도하여 입법한 '1988년 종합무역법'(1988 Omnibus Trade and Competitiveness Act)의 특별 조항인 수퍼 301조가 처음으로 집행된 것이다. 개정된 무역법은 기존의 301조의 적용범위와 강도를 대폭 강화했다. 즉 미국의 무역상 권익이 침해받는 불공정 관행을 지정된 기간 내에 확인하고 해당국과의 협상을 통해 제거하도록 규정했으며, 기한 내에 협상이 성공하지 못할 경우 자국이 침해받은 권익에 상응하는 보복조치를 즉각 시행하도록 행정부에 의무화했다.

수퍼 301조는 그 명칭에서 드러나듯이 기존 무역법(1974 Trade and Tariff Act)의 301조에 근거를 둔 것이지만, 두 가지 핵심적 측면에서 큰 차이점을 지닌다.[1] 첫째, 301조는 불공정 무역 관행을 GATT와 각 쌍무협정들의 틀 안에서 규정했고 그 시정 역시 GATT의 분쟁 해결 절차를 통하도록 했었다. 그러나 수퍼 301조는 불공정 무역 관행의 규정 자체를 GATT 범위 밖으로 대폭 확대했고, 일방적 보복(unilateral retaliation)을 분쟁 해결방식으로 채택했다. 둘째, 기존 무역법은 301조의 권한을 대통령에 일임했으나, 수퍼 301조는 집행의 각 단계를 규정된 시한 내에 행정부에 의무화함으로써 대통령의 재량권(discretionary power)을 제한했다.

종합무역법안이 심의되기 시작한 이래, 수퍼 301조는 법안의 핵심으로 간주되었고 자유주의자, 보호주의자, 수정주의자 등 무역정책에 연관된 각 세력들의 각축 대상이었다. 자유무역 옹호론자들에게 수퍼 301조는 미국 무역정책이 자유주의에서 이탈해 가는 불길한 징조로 받아들여졌다. 미국의 무역 적자가 급증하고 반자유무역론자들의 영향력이 급속히 확대되는 상황에서 수퍼 301조가 입법화되었다는 사실과, 해외시장 개방을 위해 점차 공격적 수단에 의존하는 경향을 보이던 레이건 행정부가 수퍼 301조의 입법화를 받아들였다는 사실이 이들의 불안감을 증폭시켰다. 이에 따라, 전후 세계 무역질서를 지탱해 오던 미국의 자유무역정책이 포기됨으로써 세계 무역질서 자체가 붕괴될지도 모른다는 성급한 우려도 대두되었다.[2]

1   수퍼 301조, 별칙 301조(special 301) 및 일반 301조(regular 301) 간의 차이에 관한 면밀한 분석으로는 Robert Hudec, "Thinking about the New Section 301: Beyond Good and Evil," in Jagdish Bhagwati and Hugh T. Patrick, eds., *Aggressive Unilateralism: America's 301 Trade Policy and the World Trading System,* University of Michigan Press, 1990, pp.113-159를 참조하라.

2   예컨대 바그와티는 당시 301조 정책을 통칭하여 '수출보호주의'(export protectionism) 라고 비판했다. Jagdish Bhagwati, "United States Trade Policy at the Crossroads," *World Economy,* 12:4(1989), pp. 439-479. 유사한 견해로 Robert Baldwin, "U. S. Trade Policy, 1945-1988: From Foreign Policy to Domestic Policy," in Charles S. Pearson and James Riedel, eds., *The Direction of Trade Policy: Papers in Honor of*

반면, 보호주의자와 수정주의자들은 미국 무역 적자의 급증이 타국의 불공정 무역 관행에 기인한다고 보고 수퍼 301조와 같은 강력한 대응책이 필요하다고 주장했다. 기존의 GATT 체제가 제대로 대처할 수 없었던 만연된 불공정 무역행위에 대해 미국이 강력히 대응함으로써 자국의 이익을 보호함은 물론, 세계 자유무역질서에 무임승차하고 있는 불공정 무역국들에게 비용을 분담시킴으로써 궁극적으로 자유주의적 국제무역질서가 강화될 것이라는 주장까지 전개되었다. 따라서 수퍼 301조는 향후 미국의 무역정책에 필요불가결한 요소이자 올바른 첫걸음으로 평가되었다.[3]

이러한 견해들이 대체로 수퍼 301조를 미국 무역정책이 새로운 방향으로 나아가는 전환점으로 간주한 데 비해, 일군의 학자들은 수퍼 301조의 중요성 자체에 의문을 제기했다. 이들에 따르면 전후 미국의 무역정책 형성은 한 가지 특이한 현상을 수반해 왔다. 즉, 국내 경제에 대한 자유무역의 부작용이 특정 수준 이상으로 누적될 경우 예외 없이 의회 내에서 자유무역에 대한 분노와 보호주의에 대한 절박한 요구가 폭발한다. 그러나 이는 행정부를 향한 하나의 신호일 뿐이며, 자유무역에 대해 점증하는 사회 내의 불평에 대해 경고하는 것일 뿐이다.

Isaiah Frank, Basil Blackwell, 1990, pp. 9–23; Peter Evans, "Declining Hegemon and Assertive Industrialization: U.S.–Brazilian Conflicts in Computer Industry," *International Organization,* 43: 2(1989), pp. 207–238.

3   대표적 견해로 Paul Krugman, ed., *Strategic Trade Policy and the New International Economics,* MIT Press, 1986; Stephen D. Cohen and John Zysman, *Manufacturing Matters: The Myth of Post-Industrial Society,* Basic Books, 1987; Laura D'Andrea Tyson, "Managed Trade: Making the Best of the Second Best," in Robert Z. Lawrence and Charles L. Schultze, eds., *An American Trade Strategy: Options for the 1990's,* Brookings Institution, 1990, pp. 142–185 참조. 당시 큰 영향력을 미쳤던 대중적 저술로 Clyde V. Prestowitz, *Trading Places: How We Allowed Japan to Take the Lead,* Basic Books, 1988도 참조하라.

이러한 신호를 행정부가 받아들여 몇 가지 불만을 수습하고 나면, 무역정책을 둘러싼 급박한 정치 상황은 다시 한 번 '자유주의하의 정상상태'(normalcy of liberalism)로 돌아가게 된다는 것이다.[4] 이들의 기능주의적 시각에 따르면, 수퍼 301조는 이러한 '경보적 현상'(cry and sigh syndrome)의 또 하나의 예에 불과하며 무역정책 전반에 미칠 영향은 극히 미미하다.

수퍼 301조의 정책결과에 관한 한, 이후의 전개과정은 기능주의적 시각의 예측이 옳았음을 판명해 준다. 부시(George H. W. Bush) 행정부는 수퍼 301조의 첫 집행에서 6개 부문에 걸친 네 종류의 불공정 무역 관행만 우선협상 대상으로 규정하고, 일본, 인도, 브라질 등 3개국만을 우선협상 대상국으로 지정했다. 더욱이 이와 같은 소극적 (minimalist) 집행마저 일반적 예상과 달리 최소한의 정치적 저항과 부담만을 가져왔을 뿐이었다. 1990년에 마지막으로 집행된 수퍼 301조는 단지 인도만을 지목했으며, 누구도 이를 새로운 통상정책의 상징으로 간주하지 않게 되었다.

반면, 수퍼 301조의 형성과정은 단순히 사회 내 불만이 의회를 통하여 표출된 경보적 현상 이상의 측면들을 보여 준다. 첫째, 수퍼 301조는 부문별 정책이 아니라 포괄적 무역정책에 대한 수정으로 시도되었고, 각 사회 세력의 불만의 대상 역시 포괄적 정책이었다. 둘째, 당시의 논의가 무역과 연관된 특정 산업 부문의 구조조정 문제에서 시작된 것이 아니라 미국 경제 전체의 문제에서 비롯되었다는 점이다. 즉, 대외 경쟁에서 어려움에 봉착해 있던 산업들의 문제가 수퍼 301조 입법의 원동력이 된 것이 아니라 무역수지의 악화와 전반적 경쟁력의 약

---

4   Pastor, *Congress and the Politics of U. S. Foreign Economic Policy,* esp. ch. 2.

화, 나아가 미국 경제의 상대적 우위 실종 등에 이르기까지 전반적 문제점들이 논의의 원인이 되었다. 후술하듯이, 이에 따라 무역정책에 관한 각 사회 세력의 이해가 재편되기 시작했고, 이러한 영향하에서 정책 결정기구, 특히 의회가 수퍼 301조를 대안으로 선택했다는 것은 확실히 단순한 기능주의적 해석을 벗어난다. 따라서 레이건의 재임(再任) 시부터 부시 행정부의 초반까지 이어지는 수퍼 301조의 제안, 심의, 입법, 집행 과정은 당시 미국 무역정책 형성과정의 한 특성을 단적으로 보여줄 뿐 아니라, 미국 무역정책 결정체제가 국제 경제 및 무역체제상의 변화에 어떻게 대응하는지를 파악하는 데 하나의 실마리를 제공해 주는 귀중한 사례이다.

요컨대 수퍼 301조가 입법화되는 과정을 이해하고 그 결과를 평가하는 데에는 다음과 같은 일련의 질문들이 핵심이다. 첫째, 1980년대 초반 이래 급격히 악화되어 온 무역 상황을 타개하기 위해 왜 수퍼 301조와 같은 형태의 해외시장 개방정책이 대두되었는가? 어떤 이유로 누가 추진했는가? 왜 수퍼 301조가 대부분의 반(反)자유무역주의자들의 지지를 얻게 되었는가? 수퍼 301조의 정책적 결과와 무역정책 전반에 대한 영향이 애초의 기대에 훨씬 못 미치게 된 이유는 무엇인가? 그럼에도 불구하고 반자유무역 세력의 정치적 압력이 약화된 이유는 무엇이며, 어떻게 행정부는 심각한 정치적 부담 없이 소극적인 집행만으로 수퍼 301조를 마무리 지을 수 있었는가?

I. 무역구조의 변화

1980년대 중반에 나타난 미국 무역구조의 특성 중 다음 세 가지가 특

히 정치적으로 중요하게 작용했다. 첫째는 무역상 지위의 급격한 하락
이다. 세계 경제와 무역에 있어서 미국이 차지하는 지위는 이미 60년
대 말부터 쇠퇴하기 시작했었다. 그러나 80년대에 들어서면서 쇠퇴가
한층 가속화했고, 이는 경이로운 속도로 악화되어 가는 무역수지로 가
시화되었다. 무역의 문제에 대해 미온적이던 레이건 행정부도 재임(再
任) 초기부터는 심각성을 인정하게 되었다.[5] 레이건 행정부는 급등하
는 무역 적자의 원인을 환율과 거시정책에서 찾았고, 무역정책 이외의
정책, 즉 달러의 평가절하와 무역상대국들의 거시경제정책 조정에서
해결책을 찾으려 했다. 이러한 노력에도 불구하고 무역 적자는 1985
년에 1,500억 달러에 육박했고, 이후에도 좀처럼 호전될 기미를 보이
지 않았다. 이처럼 무역수지가 급격히 악화되면서 레이건 행정부의 무
역정책에 대한 불만이 고조되었고, 이에 따라 사회와 의회 내 반자유
주의 세력의 영향력이 크게 강화되었다.

　반면, 미국의 무역의존도가 심화되면서 자유무역정책에 대한 지
지 역시 확대, 강화되었다. 세계 경제에 대한 미국경제의 의존도는
1920년대에서 1970년대에 이르는 기간 열배로 증가했다.[6] 1970년대
초에 이르러 미국의 수입과 수출은 국내 총소비와 국내 총생산의 20퍼
센트에 달하게 되었는데, 이러한 추세는 1980년대 초까지 더욱 가속
화되었다. 10년간 수출이 배가되어 수입과 수출의 점유율이 각각 25

5　이는 경제적 심각성보다는 정치적 심각성 때문이라고 볼 수 있다. 한 경제학자의 표현
　대로, "무역 적자의 위기는 경제적으로는 견딜 수 있을지 모르나 정치적으로는 감당할
　수 없었기(politically unsustainable)" 때문이다. 당시 미국 경제가 일본과 독일을 제
　외한 다른 OECD 국가들보다 상대적으로 덜 곤란했음을 유의하라. Richard Clarida,
　"That Trade Deficit, Protectionism and Policy Coordination," World Economy, 12:
　4(1989), pp. 437-438 참조.
6　Milner, Resisting Protectionism, pp. 26-28.

퍼센트에 달하게 되었다. 특히 첨단 산업과 농업의 수출 의존도가 높아서 반도체나 항공산업의 경우 생산량의 40퍼센트 이상을 해외시장에 의존하게 되었다. 또한 미국 산업의 '다국적성'(multinationality)도 심화되어 1970년대 말에 들어서면 미국 기업의 해외자산이 총자산의 20퍼센트에 달하게 되었다. 이러한 구조적 변화는 당연히 이에 수반된 경제적 이익과 정치적 세력을 확대, 강화시켰다. 행정부의 자유주의 정책을 지지하는 반(反)보호주의 세력이 거대 다국적 기업과 농업 및 첨단 산업을 중심으로 형성되었던 것이다.[7]

마지막으로 주목할 것은 미국 경제와 무역정책에 있어서 첨단 산업이 핵심적 존재가 되었다는 점이다. 1970년대 말까지 미국의 첨단 산업은 대단히 높은 경쟁력을 보유하고 있어서, 기초제조업의 무역수지가 급락했음에도 불구하고 첨단 산업의 무역 흑자는 꾸준히 증가했었다. 따라서 첨단 산업은 미국의 무역수지 문제를 해소해 줄 뿐 아니라 세계 경제에서 미국 경제의 위상을 유지시켜 줄 희망산업(sunshine industry)으로 간주되곤 했다. 주지하듯이, R&D 비용과 고정투자 비용이 막대한 첨단 산업은 지속적으로 시장을 확대하거나, 최소한 세계 시장 점유율을 유지해야 한다. 그러나 미국 첨단 산업들의 세계 시장 점유율은 1970년대 말부터 하락하기 시작하여, 달러화가 급등하고 경쟁국들의 위협이 커진 1980년대 초부터는 크게 추락하기 시작했다. 제2장에서 살펴보았듯이, 이에 따라 첨단 산업은 기존의 보호주의-자유주의의 이분법으로 구분되지 않는 다른 형태의 무역정책을 요구하게 되었다. 해외시장 의존도가 높으므로 보호주의에는 반대하지만, 어떠한 형태로든 국가의 지원과 보호를 요구했던 것이다.[8] 전략적 무역

7   *Ibid.*; Destler and O'Dell, *Anti-protection*.
8   Milner and Yoffie, "Between Free Trade and Protectionism."

이나 관리무역으로 불리는 이 새로운 형태의 무역정책이 핵심적 의제로 떠오르게 되었다.

II. 제99대 의회의 입법 활동

1988년 종합무역법안의 핵심조항들 대부분은 제99대 의회(1985-1986년)에서 논의되었던 법안들이 모태가 되었다. 당시 미국의 무역 적자가 천문학적인 숫자를 기록하며 급증하고 무역문제의 심각성이 널리 인식됨에 따라 상하 양원은 1984년 무역법의 입법 직후부터 새로운 무역 법안에 대한 논의를 시작했다. 1986년 초에 이르러 하원 민주당 지도부는 무역문제를 최우선 과제로 삼게 되었다. 레이건 행정부의 강력한 반대에도 불구하고 하원의장 오닐(Thomas Tip O'Neil)은 5월까지 무역 법안을 본회의에 상정하도록 지시하고 민주당 원내총무 라이트(Jim Wright)로 하여금 법안 심의 과정을 감독하도록 했다. 노조를 비롯한 보호주의자들의 강력한 지지에 힘입어 새 무역 법안(HR4800)은 예정된 시간 내에 하원에서 통과되었다. 법안의 핵심조항들이 4월까지 세입위원회를 통과했고, 5월 들어 전 법안이 본회의에 상정되었다. 5월 22일 새 무역 법안은 295 대 115의 압도적 표결로 하원을 통과했다. 본회의 표결은 대체로 정당 방침에 따라 결정된 것이나, 59명이나 되는 공화당 의원들이 공화당 수뇌부의 지시에도 불구하고 법안에 찬성했다. 한편 상원안(S.1860)은 이미 1985년에 제출되어 회기 말까지 심의되었으나 본회의에 상정되지도 못한 채 폐기되었다. 결국 제99대 의회에서 새로운 무역정책을 위한 입법은 무산되었던 것이다.

이 법안들의 핵심은 무역 상대국의 불공정 무역행위에 대한 응징, 대통령의 재량권에 대한 제한 강화, 그리고 수입피해구호의 확충 등이 었다. 법안의 지지자들은 이 법안의 목적이 보호주의의 장벽을 구축하는 것이 아니라 불공정하게 폐쇄되어 온 해외 시장을 개방시킴으로써 자유무역을 전 세계적으로 확대하는 것이라고 주장했다. 그러나 이 법안들은 전체적으로 보호주의적인 것으로 간주되었고, 자유무역질서 내에 위치시키기에는 너무 공격적이라는 것이 지배적인 견해였다. 겉으로 보기에 모호한 절차상 변화를 통해 미국 무역정책을 기존의 다자주의에서 탈피하여 쌍무주의 및 일방주의로 전환시키려 했던 것이다.[9]

우선, 이 법안들은 301조 권한을 대통령으로부터 무역대표부로 이전하려 했다. 기존 무역법은 무역 상대국의 관행이 불공정한지 여부와 이에 대해 미국이 어떤 조치를 취할 것인지를 대통령이 결정하도록 규정하고 있었다. 그 결과 301조를 집행함에 있어서 대통령이 외교적 고려에 너무 치중하게 되고, 따라서 미국의 무역상 이익이 희생된다는 불만이 고조되어 왔다. 입법 이후 한 번도 발동하지 않았던 301조를 레이건 행정부가 재임(再任) 초부터 적극적으로 사용하기 시작했지만 이러한 불만과 비판을 불식시키지 못했다. 비판론자들은 301조가 미국 무역정책의 유용하고 실질적인 도구로 사용되어질 수 있는 제도적 기반을 마련해야 한다고 인식하게 되었다. 301조 권한을 무역대표부로 이전시킴으로써 국무부 등의 영향력을 배제하고, 301조 정책이

---

9 이 법안들은 관세 인상이나 수입 쿼터의 도입 등 명백한 보호주의적 수단을 포함하지 않았다는 점에서 보호주의 법안이 아니라고 볼 수 있다. 그러나 게파트 조항 등의 효과가 수입규제적임을 감안할 때 다른 형태의 보호주의 법안이라고 보는 것이 지배적이었다. 법안의 성격을 둘러싼 당시의 논란에 관해 다음을 참조하라. *Congressional Quarterly Weekly Reports*, May 24, 1986, pp. 1154-1158; *New York Times,* May 1 and 23, 1986; *Washington Post*, May 14, 1986; *Wall Street Journal*, May 15, 1986.

오직 무역상 이익에 따라 결정되도록 해야 한다는 것이다.[10] 이에 따라 하원안은 무역 상대국의 행위가 불공정한지 여부를 결정하는 권한을 대통령으로부터 무역대표부로 이전하려 했으며, 상원안은 한 걸음 더 나아가 대응 수단의 결정권까지도 무역대표부로 이전하도록 했다.

이 법안들에 포함된 또 하나의 핵심조항은 불공정 무역 관행에 대한 의무적 보복(mandatory retaliation)에 관한 것이었다. 행정부의 301조 집행방식에 대한 불만이 누적되어 불공정 무역 관행에 대한 보복을 행정부에 의무화하려는 의도에서 비롯된 것이었으나, 당시 레이건 행정부가 301조의 적극적 발동에 의해 상대국으로부터 상당한 양보를 받아내고 있었던 점이 오히려 이 조항의 입법을 고무시켰다.[11] 301조의 무역제재조치를 의무화함으로써 공격적 무역정책을 제도화하려 했던 것이다. 하원안은 통상조약이 위배된 경우, 미국의 이익이 침해된 '부당한'(unjustifiable) 경우, 그리고 미국이 상대국 수출의 표적시장화(export targeting)된 경우에 한해 보복을 의무화했다. 상원안은 보다 강경하여 거의 모든 경우에 의무적 보복을 적용하고 단지 두 가지 예외규정만을 인정했다.[12]

그러나 양 법안의 내용 중 가장 강력한 공격적 정책을 채택하여 논란의 대상이 되었던 것은 게파트(Richard Gephart)가 제안한 무역적자 삭감에 관한 조항이다. 이 조항은 미국과의 무역관계에 있어서

---

10   U. S. Congress, Senate, Committee on Finance, *Presidential Authority to Respond to Unfair Trade Practices: Hearing on Title II of S.1860 and S.1862*, 99th cong., 2nd sess.(이하 *Presidential Authority*), p. 65.

11   *Ibid.*, pp. 7-19.

12   두 예외규정은, 첫째, 불공정 무역 관행이라는 판정 자체가 번복되었을 경우와 둘째, 상대국이 무역대표부 및 해당 산업이 만족할 만한 배상에 동의했을 경우이다. 따라서 실질적으로 모든 경우에 보복을 의무화한 셈이다.

'과다한'(excessive) 흑자를 거두고 있는 국가들의 무역관행이 '부당하거나'(unjustifiable) '불합리하거나'(unreasonable) '차별적'(discriminatory)일 경우[13] 행정부로 하여금 이러한 관행을 철폐하기 위한 협상을 하도록 했다. 협상이 실패할 경우 행정부는 의무적으로 25퍼센트의 과징금(surcharge)을 상대국에 부과하거나 수입 쿼터를 부과하도록 규정했다.

의회가 법안들을 심의하는 동안에도 레이건 행정부는 새로운 무역법의 필요성 자체를 인정하지 않았다. 당시까지도 행정부는 무역수지가 급속히 악화된 것이 과대평가된 달러와 막대한 재정적자 때문이며 무역정책의 문제에 기인한 것이 아니라는 입장을 취하고 있었다. 더욱이 선거를 앞둔 시기에 새로운 무역 법안을 심의한다는 것은 '정치적인' 법안, 곧 보호주의적이고 공격적인 법안을 만들어 냄으로써 결국 무역 문제를 더욱 악화시킬 것이라고 보았던 것이다.[14] 특히 대통령의 재량권을 제한하려는 조항과 극단적 공격주의의 표상과 같은 게파트 조항은 행정부로서는 도저히 받아들일 수 없는 법안이었다. 따라서 행정부는 입법과정 중 줄곧 대통령이 거부권을 행사하겠다고 천명했다.

---

13 부당한 행위란 기존의 GATT와 쌍무협정들을 위배한 것을 말한다. 차별적 행위란 GATT의 무차별 원칙이 위배되었음을 의미한다. 따라서 이 두 관행은 기존의 다자주의 틀 안에서도 불공정 무역 관행으로 공인되는 것이다. 단, 이의 시정을 GATT의 분쟁 해결절차를 통하지 않고 미국의 국내법에 기반을 둔 일방주의적 방식으로 하려던 것이 GATT 범위를 넘어선 것이다. 반면, 불합리한 관행의 규정은 모호한 기준에 의해 자의적으로 행해지는 것이므로 GATT 원칙의 명백한 위반이며 다른 무역상대국으로서 수긍할 수 없는 조항이다.

14 레이건은 양 법안을 '가미카제 법안'이며 '공개적이고 적나라한 정치적 문서'라고 극단적으로 비난했다. 이러한 비난만이 행정부가 당시 입법 과정에 참여한 유일한 행위였다. *Congressional Quarterly Weekly Reports*, July 5, 1986, pp. 1543-1544를 참조하라. 또한 당시 무역대표부 야이터(Clayton Yeutter)의 의회 증언을 참조하라. *Presidential Authority*, pp. 51-57.

하원 민주당 지도부는 대통령의 거부권을 번복할 만한 표(2/3)를 모을 수 없었다. 하원 법안 통과 당시의 큰 표차에도 불구하고 상당수의 공화당 반란표는 소위 '조건부 찬성' 표였기 때문이다. 즉, 하원안에는 찬성표를 던지지만 공화당 행정부가 거부권을 행사할 경우 반대로 돌아설 것임을 이미 공언한 의원들의 지지였던 것이다. 더욱이 공화당이 다수를 점하고 있는 상원의 경우 법안이 본회의까지 상정될지 여부도 불투명했다. 사실, 레이건 행정부의 입법전략은 정치적 부담이 큰 거부권의 행사보다는, 공화당 다수석을 이용하여 상원 내에서 법안의 통과를 '조용히' 막는다는 것이었다. 이러한 상황을 더욱 악화시킨 것은 입법과정 자체가 AFL-CIO를 필두로 한 보호주의 세력에 의해 독점되었다는 점이다. 자유주의자들은 물론 거대 다국적 기업이나 첨단산업 등 보호주의 이외의 다른 이익 집단들이 입법과정에 참여하지 않음으로써, 새 무역법의 의미 자체를 실추시키고 법안을 확실한 '보호주의 입법'이자 '노조의 법안'(labor bill)으로 만들어 버렸던 것이다.[15]

이렇게 볼 때, HR4800와 S.1860는 법령화될 수 있는 법안이 아니었고 그 입법과정 역시 실현성 있는 정책을 입안하는 과정이 아니었다. 양 법안은 단지 기존 무역정책에 대한 불만과 이를 시정하기 위한 막연하고 극단적인 착상들이 열거된 집합체였다고 볼 수 있다. 이점은 민주당 지도부 역시 입법 초기 단계부터 잘 알고 있었다. 그렇다면, 민주당 지도부는 왜 새 무역법의 제정을 최우선 과제로 삼았고, 그럼에도 불구하고 법안의 '명백한 운명'을 방관했을까? 이는 '선거의 고리'(electoral connection)를 의식한 민주당 지도부의 정치적 동기에 기인한다.

---

15   *Congressional Quarterly Weekly Reports*, March 8, 1986, pp. 554-558; Bruce Stokes, "Everybody's in the Act," *National Journal*, April 18, 1987, pp. 927-931.

미국의 무역 적자가 1,000억 달러를 돌파하고, 무역의 문제가 각 지역의 실업과 경제적 문제의 한 원인으로 인식되어지는 점을 감안한 민주당 지도부는 무역 문제의 심각성과 공화당 행정부의 무역정책 실패를 다가오는 의회 선거에서 핵심 이슈로 이용하려 했다.[16] 만일 상원에서 새로운 무역 법안이 폐기될 경우 당연히 상원 내 다수당인 공화당이 비난받게 될 것이고, 대통령이 거부권을 행사하는 경우 역시 그 책임은 공화당으로 전가되어 다가오는 의회 선거에서 공화당에 불리한 영향을 미칠 것으로 계산했던 것이다. 따라서 민주당 지도부는 무역문제를 선거 쟁점화하는 데에 초점을 두었을 뿐, 무역의 위기를 해소할 방안으로 새로운 무역법을 추진했던 것은 아니었다. 개인적, 정당적 차원에 있어서 선거의 동기에 따라 제99대 의회에서의 입법 활동이 이루어졌던 것으로, 이러한 동기로 이루어진 입법 과정은 실현 불가능한 조항들로 채워진 법안을 낳았던 것이다. 그럼에도 불구하고 향후 새로운 무역법의 입법 과정에서 논란이 될 쟁점들을 미리 드러내 준 과정이었다고 평가할 수 있다.

III. 중간 선거 후 새로운 입법 활동

민주당은 1986년 중간 선거(mid-term election)의 상원 선거에서 기대했던 대로 승리하여 상원 다수당 지위를 6년 만에 탈환했다. 그렇지

---

16 민주당 지도부의 이러한 동기는 입법 초기 단계부터 법안의 지지자와 반대세력들 모두에 널리 알려져 있었다. 예컨대 하원의원 프란젤(Bill Franzel)은 게파트 법안을 '1986년 민주당 선거운동 법안의 핵심,' 혹은 '홍보 기회 활용법'이라고 비난하기도 했다. *Congressional Record*, Vol. 132, H 3082(May 21, 1986).

만 무역 이슈가 선거에서 큰 영향력을 발휘하고 민주당에 유리하게 작용했다는 증거는 발견되지 않았다. 대부분의 선거구에서 민주당 후보와 공화당 후보 간에 무역 이슈에 관한 한 견해 차이가 존재하지 않았고,[17] 다른 사회적·경제적 이슈들이 핵심 쟁점으로 작용했던 것이다. 당시의 다양한 여론조사들 역시 대부분의 유권자들이 무역 문제를 중대한 이슈로 간주하지 않아서 무역 이슈가 선거에 미친 영향이 미미했다고 보고했다. 따라서 선거를 의식한 무역법 입법 활동은 더 이상 없을 것으로 예측되었다. 급등하던 무역 적자도 달러화 평가절하가 마침내 효력을 발휘하여 서서히 하락하리라는 전망 역시 이러한 예측을 뒷받침했다.[18]

그러나 이러한 예상은 크게 빗나갔다. 우선 미국의 무역 적자가 1987년에 들어서도 멈춤 없이 증대되어 갔다. 1987년 초에 발표된 1986년의 무역 적자는 1,500억 달러라는 사상 최대의 천문학적 수치를 기록했다. 이에 따라 보호주의적 요구와 기존 무역정책에 대한 비판이 비단 섬유, 철강, 자동차 등 기존 보호주의 세력에 국한되지 않고 확산되어 갔다. 또한 제99대 의회에서 새 무역법 제정에 소극적이었던 첨단 산업과 거대 다국적 기업들도 새로운 무역정책의 수립을 요구하게 되었다. 행정부의 경우에도 더 이상 상원 다수석을 이용한 전략을 구사할 수 없었고, 새 무역법에 대한 요구를 계속 무시할 경우의 정치

---

17   이런 의미에서 온스틴은 당시 무역 이슈가 정치적 이슈가 아닌 완전 합의적 이슈(valence issue)라고 간주한다. 즉, 모든 후보들이 미국의 대외 경쟁력을 제고하고 무역문제를 해결하는 데 찬성할 수밖에 없으므로 유권자들로서는 후보자 간의 차이를 구별할 수 없다는 것이다. 따라서 무역 이슈는 선거에 영향을 미치는 이슈가 될 수 없었다. Norman Ornstein, "Is Competitiveness a Genuine Issue?" in Claude E. Barfield and John H. Makin, eds., *Trade Policy and U.S. Competitiveness*, American Enterprise institute, 1987, pp.117-118.

18   Bruce Stokes, "Setting the Stage," *National Journal*, Jan. 17, 1987, pp. 118-124.

적 부담을 감당하기 힘들다고 판단하게 되었다. 더욱이 다가오는 미-캐나다 자유무역협정과 우루과이 라운드를 위한 협상 권한을 확보하기 위해서도 행정부 역시 어떠한 형태이든 새로운 무역법이 필요했다.

이러한 상황은 의회 내에서 두 가지 반응을 불러 일으켰다. 첫째, 무역 이슈가 1986년 중간 선거에서 별 영향을 미치지 못했음에도 불구하고, 많은 이슈 기획가들(issue entrepreneurs)은 상황이 곧 변할 수 있다고 감지하게 되었다. 나날이 증대되는 무역 적자와 급속히 악화되어 가는 무역 상황을 감안할 때, 무역 문제는 민주당에게 레이건 행정부와 공화당을 공격할 수 있는 절호의 기회를 제공해 주었다.[19] 또한 일 년 뒤로 다가온 대통령 선거 예비선거와 맞물려 무역 문제는 출마를 고려 중인 이슈 기획가 의원들에게도 훌륭한 공략 대상이 되었다. 한편, 의회 지도부 또한 무역 문제의 해결을 의회의 당면과제로 받아들이게 되었다. 무역 문제에 관한 헌법상 수임기관으로서 의회가 지금까지 실패해 온 무역정책에 대해 행정부를 비난만 할 것이 아니라, 적극적으로 개입하여 바로잡아야 한다는 견해가 비등해졌던 것이다. 포괄적 무역정책의 수정을 원하는 사회집단들의 요구는 의회에 집중되었고, 의회 지도부는 이를 적극적으로 받아들여야 했다. 특히 상·하 양원을 장악하게 된 민주당 지도부로서는 더 이상 책임을 행정부나 공화당에만 전가할 수 없는 상황에 놓이게 되었고, 무역 문제의 해결책을 강구하지 못할 경우 책임을 공유해야 한다고 인식했다. 따라서 1986년 선거 직후 양원 민주당 지도부는 "미국인의 직장과 산업기반을 침식하고 있는 이 과정을 종식시키고 미국의 경제적 이익을 보호

---

19 예컨대, 당시 민주당 전국위원회 의장 커크는 다가오는 선거에서 무역 문제의 중요성을 계속 강조하였다. Paul G. Kirk, Jr., "A Democrat's View," in Barfield and Makin, eds., *Trade Policy and U. S. Competitiveness*.

하기 위해"[20] 새로 구성된 의회가 최우선적으로 무역 문제의 해결책을 찾을 것임을 천명했다. 특히 의회 지도부는 새로운 무역정책의 성공적인 입법을 위해서는 초당적 합의(bipartisan consensus)의 형성과 행정부와의 타협을 필수적인 것으로 간주하게 되었다. 제99대 의회 당시와 같이 정치적 동기가 작동한 입법 과정이 아니라 문제 해결을 위한 진지하고 협력적인 입법 활동이 시작되었던 것이다.

IV. 하원안과 입법과정

새로운 무역법안의 본격적 심의는 하원에서 먼저 시작되었다. 1987년 3월 10일 세입위원회 위원장 로스텐카우스키(Dan Rostenkowsky)와 산하 무역 소위원회 위원장 기본스(Sam Gibbons)가 공동으로 새 법안을 제출했는데, 이 법안은 별 논란이나 수정을 거치지 않고 위원회를 통과했다. 세입위의 법안은 전체적으로 제99대 의회에서 HR4800이 지적했던 문제점들과 대안들을 다루고 있었으나 이보다 훨씬 온건하게 수정되었다.

　세입위가 보다 온건한 법안을 채택한 이유는 명확하다. 로스텐카우스키를 비롯한 하원 지도부는 행정부가 받아들이기 힘들 정도로 강경한 법안을 원치 않았던 것이다. 레이건의 반복적인 거부권 위협에 직면한 하원 지도부는 1년 전의 강경한 보호주의적 법안을 온건화해야 한다고 판단했다. 만약 대통령이 거부권을 행사한다 하더라도 이를 번복하는 데 필요한 원내 지지를 확보하려면 보다 온건한 법안의 채택

20　상원 재무위의 신임 위원장으로 선임된 벤슨(Lloyd Bentsen)의 인터뷰. *New York Times*, November 6, 1986.

이 필수적이었다. 이에 따라 민주당 지도부는 법안에 대해 계속 '유연한' 입장을 취할 것이라고 약속했고, 논란이 해결되지 않은 조항들은 상원과 협의과정을 통해 해결될 것임을 보장했다.[21] 무역소위와 세입위 위원들 역시 HR4800에 포함된 강경한 조항들이 기존 국제협약에 명백히 위배된 것이며 따라서 상대국들과의 정치·경제적 관계를 악화시키는 결과를 가져올 수 있다고 인식하고 있었다.

우선 세입위의 법안은 301조의 의무적 보복에 관한 조항을 완화시켰다. 즉, GATT가 "불공정하지 않다"고 판결할 경우와 대통령에 의해 적절하지 않다고 판단된 경우[22] 등 예외 규정을 확대했다.[23] 그러나 세입위 법안에서 가장 관심의 대상이 된 것은 HR4800의 게파트 조항을 어떻게 처리하느냐는 문제였다. 이것이 법안의 성격을 규정함과 동시에 새 무역법안의 운명을 결정지을 것이기 때문이었다.

세입위는 게파트 조항 역시 온건화했다. 우선 세입위 법안은 게파

---

21 *Congressional Quarterly Weekly Reports,* May 2, 1987. 하원 지도부는 행정부에 대해서도 이점을 명확히 했다. 로스텐카우스키는 무역대표부 야이터에게 세입위가 법안의 수정을 위해 '유연한' 입장을 취할 것임을 수차례 확약했다. 의회의 이같이 변화된 태도는 새 무역법에 대한 행정부의 전망을 고무적인 것으로 만들었다. 야이터는 자신이 하원의 법안을 "지지하지는 않으나" 새 무역법의 전망에 대해 "조심스럽게 낙관적"이라는 견해를 피력하곤 했다. *New York Times,* March 11, 1987.

22 구체적으로, 대통령이 판단하기에 i) 통상협정에 의해 상대국이 미국의 권리를 확보해주기 위해서 만족할 만한 조치를 취할 경우, ii) 상대국 정부가 해당 행위의 즉각적 해결책의 수립에 동의한 경우, iii) 해당 관행의 철폐가 불가능할 경우 이에 대한 보상을 상대국이 동의한 경우, iv) 무역보복이 국가 전체의 이익에 오히려 해롭게 작용할 경우 등이 해당된다.

23 반면, 새로운 하원 법안은 대통령의 재량권을 보다 제한하려 했다. 원래 HR4800는 대통령의 301조 재량권 중 불공정 무역 관행의 판정에 대한 권한을 무역대표부로 이전하려 했었다. 그러나 세입위의 심의 도중 불공정 무역 관행에 대한 제재의 권한도 무역대표부로 이전시켜야 한다는 강경안이 대두되었고, 무역소위 위원장 기본스에 의해 타협안이 마련되었다. 즉, 제재의 권한도 이전시키되, 새로운 법률하에서 무역제재가 의무화된 경우의 제재만을 무역대표부가 맡도록 하고, 그것도 대통령의 지휘하에 하도록 했다.

트 안이 지니고 있던 "매년 10퍼센트씩 대미(對美) 무역 흑자 감축"과 같은 '독소' 조항을 삭제했다. 이 조항은 행정부와 대다수의 반보호주의 세력이 집중적으로 반대하는 대상이었을 뿐 아니라, 현실적으로 적용 가능성이 희박하다고 여겨지는 조항이었다. 세입위 안은 또한 예외규정을 확대함으로써 행정부의 재량권을 넓혀 주었다. 즉 국가 경제상의 예외를 규정했던 원래의 게파트 안을 수정하여, '부당한' 무역 관행의 경우에만 국가경제상 이익을 고려하여 무역 보복을 철회할 수 있도록 하고, 나머지 경우에는 단지 보복을 할 경우의 경제적 비용이 부당한 무역관행에 의해 발생하는 피해보다 클 경우 보복을 보류하도록 규정하였다.

이와 같은 수정에 반대했던 게파트는 무역 소위와 세입위의 심의과정 중 자신의 원안을 바탕으로 한 수정안을 법안에 첨가하려 했다. 그러나 로스텐카우스키와 기본스의 강력한 저지에 부딪혀 수정안의 제출을 본회의로 미루게 되었다. 이에 따라 위원회 단계에서 갈등은 최소화된 셈이나 결정적 싸움은 본회의로 미루어지게 되었다.

약속한 대로 게파트는 어느 정도 완화된 수정안을 본회의에 제출했다. 그러나 이 수정안 역시 무역 상대국들에게 대미 무역 흑자의 자동적 감축을 요구했다는 점과 집행 과정에서 행정부의 재량권을 대폭 축소시켰다는 점에 있어서 원안과 대동소이하다고 평가되었다. 게파트 수정안은 우선 무역위원회(USITC)로 하여금 규정된 '공식'에 따라 대미(對美) '초과' 무역 흑자국을 찾아내도록 하고 이들 중 어느 국가의 무역관행이 '부당'하거나, '불합리'하거나, '차별적'인지 판정하도록 했다. 판정 후 6개월 내에 무역대표부는 이 국가들과 협상을 통해 i) 이러한 불공정 무역 관행을 철폐하거나, ii) 이러한 불공정 관행에서 파생되는 액수만큼 대미 무역 흑자를 감축하거나, iii) 대미 무역 흑자 전체의 10퍼센트씩을 매년 삭감하도록 해야 하며, 협상이 실패할 경우 대통령은 무역 적자 삭감 목표에 따라 이러한 불공정 무역 관행에 대해 의무적 보복을 실행해야 했다.

게파트가 자신의 수정안을 본회의에 상정할 계획을 공표한 이래 게파트 수정안은 새 무역 법안의 최대 쟁점이 되었고, 보호주의, 자유주의, 수정주의 등 각 이익집단 간 대립의 최대 쟁점이 되었다.[24] 따라서 대부분의 의원들에게 가장 힘든 표결의 대상이었다. 마침내 게파트 수정안에 대한 표결이 이루어졌을 때 마지막 순간까지 찬반(贊反)은 209 대 209의 동수였다. 이 순간 찬성표가 집중되어 게파트 수정안은 218 대 214의 근소한 차이로 본회의에서 채택되었다.

게파트 수정안의 통과는 세 가지 요인으로 설명할 수 있다. 우선 정당간 차이를 들 수 있다. 256명의 민주당 의원들 중 201명이 수정안에 찬성한 반면, 176명의 공화당 의원 중 159명이 반대하였다. 일단 게파트 수정안이 본회의에 상정되자, 세입위 위원장인 로스텐카우스키를 제외한 민주당 지도부의 상당수는 수정안을 찬성하기로 결정했고, 원내총무 라이트가 게파트 수정안의 지지를 조직화했다.[25] 민주당 지도부가 게파트 수정안을 지지하기로 결정한 것은 노조의 영향력이 직접적 원인이었다. AFL-CIO를 필두로 한 노조는 게파트 수정안의 통과를 최우선 목표로 삼고 민주당 의원들에게 압력을 행사했다. 게파트

---

24 당시의 논의에 대해서는 다음을 참조하라. *Congressional Record*, Vol 34, H2755-2790(April 29, 1987).

25 로스텐카우스키는 세입위 위원장으로서 세입위의 법안을 원안대로 보존하고 원래의 입법전략이 손상되지 않도록 노력했다. 그는 의원들 전원에게 무역법안의 소관 위원회인 세입위의 안을 지지해 줄 것을 호소하면서, 세입위 안이 게파트 수정안보다 더욱 '공정'하고, '실현성' 있으며, '현실적'이라고 주장했다. Judith H. Bello and Allan F. Holmer, "The Heart of the 1988 Trade Act: A Legislative History of the Amendments to Section 301," in Bhagwati and Patrick, eds., *Aggressive Unilateralism*, pp. 78-79.

수정안에 반대하기 위해서는 이러한 압력에 저항해야 했고 민주당 의
원으로서 이는 쉽지 않은 일이었다. 공화당 의원들도 마찬가지로 행정
부로부터 강한 압력에 처해 있었다. 의회와의 연계(liaison)를 담당하
고 있었던 무역대표부 야이터가 게파트 수정안의 반대를 조직화했고,
레이건도 마지막 순간까지 공화당 의원들에게 행정부의 입장을 지지
해 줄 것을 요청했다.[26] 이러한 상황에서 게파트 수정안의 표결은 정당
간 찬반이 엇갈리는 결과를 낳았던 것이다.

그렇다면 왜 17명의 공화당 의원과 55명이나 되는 민주당 의원들
이 반란표를 던졌을까? 이는 지역적 요인에 의해 설명된다. 즉, 게파
트 수정안에 대한 공화당 의원들의 지지는 주로 지역구 경제가 수입품
들과의 경쟁 때문에 어려움에 처해 있던 의원들로부터 나왔고, 반면
자유무역의 이익이 강한 지역구 출신의 민주당 의원들은 수정안에 반
대했던 것이다. 대체로 서부 주와 농업 중심지역 출신 민주당 의원들
이 반대표를 던졌고 북동부와 남동부 출신 공화당 의원들이 당론과 반
대되는 표결을 했다. 전형적인 예로 폴리(Thomas Foley)를 들 수 있
다. 폴리는 당시 민주당 원내 대표로서 게파트 수정안에 대한 찬성표
를 조직화하는 역할을 담당했으나, 그 자신은 반대표를 던졌다.[27]

게파트 수정안의 표결을 결정한 또 하나의 요인은 수정안 자체의
운명에 대해 의원들이 지녔던 일치된 전망이었다. 즉, 당시의 표결 결
과와 무관하게 게파트 수정안은 최종 법안에 포함되지 않을 것이라고
전망했기 때문에 상당수 의원들이 수정안의 실질적 내용이나 표결 결
과를 걱정하지 않고 입장 표명(position taking)식 투표를 할 수 있었
던 것이다. 하원에서 게파트 수정안의 처리에 고심하고 있을 당시 상

---

26 *New York Times*, April 29, 1987.
27 *Congressional Quarterly Weekly Reports*, May 2, 1987, pp. 812-813.

원 역시 자체의 '게파트 수정안'을 준비하고 있었는데, 이 상원안은 세 입위의 안보다도 온건했다. 새 무역법의 제정을 최우선 과제로 천명해 온 상원 지도부는 대통령이 서명할 수 있는 법안을 만들기 위해 보다 온건한 법안을 준비하고 있었던 것이다. 따라서 게파트 수정안이 상·하 양원의 협의위원회(conference committee)에서 채택될 가능성은 거의 없었다. 이처럼 입법과정의 마지막 단계에서 폐기될 것이 확실하므로, 게파트 수정안의 하원 본회의 통과 자체는 새 무역법의 제정에 실질적인 영향을 미치지 않을 것으로 판단되었다. 심지어 하원이 게파트 수정안을 통과시키는 것은 행정부와 불공정 무역국들에 대한 일종의 경고일 뿐이라고 해석되었다. 이 점이 대다수의 의원들과 민주당 지도부가 큰 부담 없이 게파트 수정안의 지지를 결정하게 된 요인이 되었다. 이들은 게파트 수정안을 지지함으로써 미국의 이익을 위해 불공정 무역국가에 경고했다고 주장함과 동시에, "이 강경한 수정안이 상원과의 협의 과정에서 고쳐질 수 있으리라는" 변명을 할 수 있었던 것이다.[28]

이러한 요인들의 작용으로 게파트 수정안은 4표라는 근소한 차이로 하원 법안에 포함되었다. 이러한 결과에 대해 게파트와 레이건을 포함한 지지, 반대 양 세력들 모두가 자신들의 승리로 해석했다.[29] 그러나 근소한 차이에 의한 통과는 결과적으로 게파트 수정안이 이후 폐기될 것이라는 전망을 더욱 현실화했다고 볼 수 있다. 로스텐카우스키

---

28 *Ibid.*
29 게파트는 자신의 수정안이 통과된 것이 "미국 무역정책의 변화에 대한 바람을 명확하고 재론의 여지없이 반영한 것이며, 대다수가 보다 강력한 무역정책을 원하고 있음을 보여주는 것"이라고 주장했다. 반면, 레이건은 "표결상의 근소한 차이가 반보호주의 세력의 크기와 위력을 여실히 과시한 것이며 이는 보호주의가 무역 문제의 해결 방안이 될 수 없다는 명확한 메시지"라고 공언했다. *New York Times*, April 29, 1987.

는 "두세 표 차이의 통과를 (협의위원회에서 게파트 수정안을 반드시 보존하라는) 지시(mandate)로 볼 수는 없다. 상원 역시 이렇게 해석하리라고 확신한다."[30]라고 적절히 지적하였다. 대부분이 세입위 위원들로 구성된 하원 협의위원(conferee)들은 근소한 표차로 말미암아 보다 유연하게 게파트 수정안을 다룰 수 있게 되었고, 보다 온건한 상원안에 대해 양보가 가능해졌다.

게파트 수정안이 통과된 하루 뒤 하원은 새 무역법안(HR3)을 통과시켰다. 표결 결과는 공교롭게도 대통령 거부권의 번복에 필요한 3분의 2와 정확히 일치하는 290 대 145였다. 이 표결 결과도 게파트 수정안의 표결에 작용한 요인들로 설명할 수 있다. 즉, 정당 간의 정책적 차이가 작용했으나 공화·민주 양당을 막론하고 의원들 간에 "보다 강력한 무역법의 신속한 제정"에 대한 합의가 있었던 것이다. 새로운 무역법의 강경함의 정도에 대해서는 입장의 차이가 있었으나 그 해결은 일단 이후의 과정으로 미룬 채 하원 법안은 확정되었다.

V. 상원안과 입법과정

상원의 새 무역법안의 입법과정도 1986년 선거 이후 벤슨이 재무위위원장이 되면서 즉시 시작되었다. 취임 직전부터 벤슨은 새로운 의회에서 재무위의 최대 현안은 무역 문제가 될 것이며 무역 문제에 대해 실현성 있고 행정부가 받아들일 수 있는 법안을 신속히 처리하겠다고

30　*Ibid.* 게파트 수정안의 강력한 지지자였던 라이트도 이러한 근소한 표차는 곧 게파트 수정안이 상원에서나 협의위원회 단계에서 수정될 것을 의미한다는 점을 인정했다. *New York Times*, May 1, 1987.

공언했다.[31] 이를 위해 벤슨은 재무위와 산하 무역 소위는 물론 본회의
에서도 초당적 합의를 도출하려고 노력했다.[32] 우선 그는 재무위의 법
안(S.490)을 그의 상대역인 댄포스(John Danforth)와 공동으로 작성
했다. 법안의 가장 큰 문제인 상원판(版) '게파트 수정안'도 댄포스와
민주당의 리글(Donald Riegle)에 의해 공동으로 작성되었으며, 민주·
공화 양당의 원내 대표들인 버드(Robert Bird)와 돌(Robert Dole)의
동의를 받았다. 벤슨은 또한 특수이익을 위한 조항이나 의외의 수정안
들을 법안에서 배제하려고 노력했다.[33] 입법과정에서 논란과 반대를
최소화하고 나아가 대통령이 법안 전체에 거부권을 행사할 수 있는 구
실을 만들어 주지 않으려 했던 것이다.

상원안의 핵심인 재무위 법안은 2월 중 버드와 돌을 포함한 56명
의원들의 연서(連書)를 받아 벤슨과 댄포스가 제출했다. 2주간의 재무
위 심의과정 중 벤슨은 양당 간의 합의를 도출하는 데 성공하여 법안
은 예정보다 일찍 재무위를 통과했다(19 대 1). 재무위 법안은 하원 법
안과 마찬가지로 포괄적 무역정책 전반에 걸친 이슈들을 다루었고, 대
부분의 안건에 있어서 하원 법안과 유사하였다. 그러나 핵심 조항들,
특히 301조와 관련된 조항들에 있어서 재무위안은 하원안이나 제99대
의회 당시 상원안과 상이한 입장을 취하고 있었다. 대체적으로 재무위

---

31 *New York Times*, November 6, 1986. 벤슨은 당시까지 보호주의 성향이 짙은 친기업민
주당원(businessmen's Democrat)으로 간주되어 왔다. 따라서 상원법안이 하원안보다
더 강경할 수도 있다는 염려가 대두되기도 했다.

32 Bruce Stokes, "Bentsen's Benchmark," *National Journal*, July 25, 1987, p. 1899.

33 예컨대 입법과정이 개시되면서 홀링스(Ernest Hollings)는 섬유직물업계를 위한 보호
주의 조항을 재무위 법안에 첨가하겠다고 공언했다. 그러나 벤슨은 홀링스와 서먼드
(Strom Thurmond)를 설득하여 그들의 수정안을 철회하도록 만들었다. 대신 섬유직물
업계를 위한 법안을 다음 안건으로 다룰 것임을 약속했다. *New York Times*, June 26,
1987.

안은 불공정 무역의 문제에 대해 보다 온건한 접근을 하고 있었다.

우선, 의무적 보복 조항에 있어서 재무위안은 S.1860의 강경한 접근을 유지했다. 앞에서 논한 바와 같이 S.1860은 불공정한 것으로 판정된 모든 301조 경우에 대해 무역 보복을 의무화했었는데, 새 법안 역시 약간의 예외규정을 추가한 채 이 조항을 유지했다. 팩우드 수정안(Packwood amendment)에 의해 채택된 예외규정은 i) 무역보복이 미국의 경제적 이익에 심각한 손상을 가져올 경우, ii) 무역보복이 국가 안보에 중대한 위협이 될 경우, 그리고 iii) 해당 관행의 철폐가 불가능하고 이에 대해 상대국이 미국의 손해를 충분히 배상할 경우 등에 한해 의무적 보복을 철회할 수 있도록 허용했다.[34] 둘째로, 301조의 권한을 무역대표부로 이전하는 문제에 있어서 재무위 법안은 보다 온건한 입장을 취했다. 불공정 무역 관행을 판정하는 권한만을 무역대표부로 이전하도록 하고 대응조치를 취할 권한은 여전히 대통령에게 위임하도록 했던 것이다.

재무위 심의과정에서 가장 논란의 대상이 되리라고 예상된 것은 역시 상원판 게파트 조항이었다. 벤슨은 이 이슈가 재무위 법안 전체와 그 자신의 위상에 몰고 올 잠재적 위협을 잘 인식하고 있었다.[35] 따라서 그는 게파트 수정안과 유사한 안을 아예 재무위에서 다루지 않으려는 전략을 세웠다. 이러한 논쟁적 안을 재무위가 다룰 경우 지지자

---

34 팩우드(Robert Packwood)는 오리건 주 출신의 열렬한 자유무역론자였고 무역정책에 관한 한 행정부와 긴밀한 관계에 있었다. 따라서 레이건 행정부는 팩우드가 하원 법안처럼 의무적 보복의 적용 범위를 대폭 축소시키는 수정안을 관철시켜 주리라 기대했다. 기대와 달리 팩우드 수정안은 의무적 보복의 적용 범위를 '부당한' 관행만으로 축소시키지는 않았다. Bello and Holmer, "The Heart of the 1988 Trade Act," p.63.

35 1986년 상원 법안 제출 당시 벤슨은 게파트 조항과 동일한 안을 제안한 바 있다. 이 안과 벤슨에 대해 이후 쏟아진 비판은 벤슨 자신이 미처 예상하지 못했을 정도로 신랄해서, 벤슨은 즉시 이를 철회한 바 있다. Stokes, "Bentsen's Benchmark," p. 1899.

와 반대자 간에 어쩔 수 없이 격렬한 대립이 벌어질 것이고, 어렵게 이루어 놓은 초당적 합의의 입법과정은 무산될 것이다. 벤슨은 설사 이러한 안이 재무위에서 통과되지 않는다 해도 이를 둘러싼 싸움은 본회의까지 계속될 것이고 결국 무역법안 전체를 위험에 빠뜨릴 수 있다고 판단했다. 이러한 전략에 따라 벤슨은 게파트 수정안의 상원 내 지지자들이 재무위 심의과정 중 수정안을 제출하지 않도록 설득하였다. 대신 리글을 비롯한 게파트 수정안 지지자들에게 보다 온건하고 실현 가능성 있는 법안을 구상할 시간과 여유를 제공하고 본회의에서 이를 양당 합의로 지지하겠다고 약속했다.[36]

재무위안이 본회의에 상정된 후 예정된 대로 리글은 자신의 수정안을 제출했다. 원안을 댄포스와 공동으로 수정한 이 안은 기존 무역법에 비하면 강력한 것이었으나 게파트 수정안이나 리글의 원안보다 훨씬 약화된 것이었다.[37] 이 수정안은 무역대표부로 하여금 주어진 기한 내에 미국 상품의 수출을 방해하는 해외의 무역장벽과 시장 왜곡 관행 및 이러한 관행을 지니고 있는 국가들을 확인하도록 했으며, 이러한 관행에 의해 생기는 손해를 산정하도록 했다. 이 절차를 통해 확인된 불공정 무역 관행에 대해 무역대표부는 15-19개월 내에 해당 국가와 협상을 통하여 이를 철폐, 혹은 보상한다는 동의를 받아야 하며, 협상이 실패한 경우 의무적 보복을 규정했다. 그러나 보복 여부와 보

---

36 이러한 타협이 처음부터 받아들여진 것은 아니다. 벤슨의 방침에 불만스러웠던 리글은 재무위 심의 도중 자신의 수정안을 제출하려 했다. 이에 대해 팩우드를 비롯한 반대파 의원들이 크게 반발했고, 리글의 수정안을 반대하는 '위원회 결의안'(sense-of-the-committee resolution)을 채택하려는 시도까지 했다. 재무위의 인적 구성상 패배가 확실하다고 판단한 리글은 수정안 제안 방침을 철회하고 벤슨의 제안에 타협하게 되었다. *Congressional Quarterly Weekly Reports*, May 2, 1987, pp. 817-818; *Congressional Quarterly Weekly Reports*, May 9, 1987, p. 907.

37 *Congressional Quarterly Weekly Reports*, July 11, 1987, p. 1511.

복의 방법에 대해 이 수정안은 행정부에 폭넓은 재량권을 허용했다. 이것이 곧 최종 법안에서 소위 '수퍼 301조'로 채택된다.

　이 수정안은 본회의에서 폭넓은 지지를 받았다.[38] 민주·공화 양당의 지도부가 모두 이 수정안에 동의한 가운데 상원은 이를 87 대 7의 압도적 지지로 통과시켰다. 이렇게 해서 가장 큰 논쟁의 소지를 안고 있던 이슈가 상원 지도부의 성공적인 전략에 의해 쉽게 해결되었다. 즉 이 이슈 자체를 재무위 심의과정에서 배제함으로써 일찍부터 입법 과정이 격한 대립에 빠져드는 것을 막았고, 법안 전체에 대한 초당적 지지를 유지할 수 있었던 것이다. 리글의 입장에서도 재무위에서 예상 되었던 패배를 면할 수 있었고, 하원에서 게파트 수정안이 처리되는 과정을 주시하면서 자신의 수정안을 온건화할 수 있는 시간적 여유와 자원을 확보할 수 있었다. 이 수정안이 상원 내에서 게파트 안의 가장 강력한 지지자 리글에 의해 제안되었고 소수당인 공화당 원내대표 돌에 의해 동의되었다는 사실 자체가, 주저하던 개개 의원들이 이 수정 안을 지지할 수 있는 충분한 명분을 제공해 주었다. 또한 게파트 수정 안에 대한 논란이 원내와 원외에서 계속되면서 과연 이러한 보복적 정 책이 기록적 무역 적자 문제의 해결에 도움이 될 것인지에 대한 회의 적 견해가 상원 내에서 증가되어 갔다. 하원 표결 이후에는 이 게파트 수정안 식의 정책이 지니는 '정치적' 가치 역시 의문시되었다. 리글-댄포스 수정안은 백악관도 만족할 만한 것이었다. 이 수정안이 행정부 에 대해 구체적 일정과 일련의 임무를 의무화하고는 있으나, 대통령에 게 충분한 재량권을 남겨 놓고 있었기 때문이다. 따라서 이 수정안 역 시 거부하겠다는 공식 논평에도 불구하고 레이건이 상원안을 받아들

38　*Congressional Record*, Vol. 133, S.9636-9647 (July 10, 1987).

일 것이라는 관측이 지배적이었다.[39]

본회의에서 새 무역법의 대부분의 조항들에 대한 타협이 이루어
지고 있었던 반면에, 의외의 위협이 재무위 밖에서 대두되었다. 상원
노동위원회의 공장 폐쇄 통고 법안이 종합무역법안에 포함되었던 것
이다. 공장 폐쇄 통고 법안은 노동위 민주당 의원들, 특히 멧젠바움
(Howard Metzenbaum)과 케네디(Edward Kennedy) 등이 제안한 것
으로, 미국 기업들이 국내 생산시설을 폐쇄할 경우 180일 이전에 고
용인들에게 통고하도록 의무화했다. 이 법안은 게파트 수정안과 더불
어 노조의 양대 이슈가 되어 왔는데, 특히 게파트 수정안이 폐기된 이
후에는 노조의 최대 목표가 되었다. 이 법안의 지지자들은 공장 폐쇄
를 사전에 통고하는 것이 수입 피해에 대한 일종의 '노동에 대한 원조'
이기 때문에 이 법안을 종합무역법에 포함시켜야 한다고 주장했다. 수
입품들과의 경쟁 때문에 직장을 잃는 노동자들과 산업기반을 잃는 지
역 사회들에 대해 상황에 대처할 수 있는 시간적 여유를 확보해 줌으
로써, 공장 폐쇄 사전 통고가 시장 개방과 자유무역의 충격을 최소화
하는 안전판과 같은 작용을 해 준다는 것이다.[40]

노조의 압력하에 민주당 지도부는 공장 폐쇄 통고 법안을 종합무
역법안에 덧붙이기로 결정했다. 반면에 행정부와 기업으로부터 강력
한 반발을 산 공화당 지도부는 이 법안의 저지를 위해 의사방해(fili-
buster)까지 강행할 방침을 세웠다.[41] 이러한 반발 때문에 공장 폐쇄

---

39 *Congressional Quarterly Weekly Reports,* July 11, 1987, p. 1513.

40 *Congressional Record,* Vol. 33, S.9384~9425(July 8,1987); Bruce Stokes, "Giving
Notice," *National Journal,* August 8, 1987, p. 2060.

41 기업들로서는 당연히 어떠한 형태의 공장 폐쇄 통고 법안도 입법화되는 것을 원치 않았
다. 더욱이 미국 산업의 경쟁력 제고가 한 가지 목표인 종합무역법에 이 법안이 끼어드
는 것은 말할 것도 없다. 이 법은 기업 활동에 찬물을 끼얹는 반기업적, 반경쟁적 효과

통고 법안은 수차에 걸쳐 수정, 완화되었지만 이에 대한 반대는 누그
러지지 않았다. 결국 노동위의 법안은 종합무역법안에 첨가되는 형식
으로 통과되게 되었고, 그 해결은 협의위원회로 미루어지게 되었다.

　이러한 의외의 사태에도 불구하고 상원의 종합무역법안은 71 대
27의 압도적 표차로 본회의를 통과했다. 공장 폐쇄 통고 법안을 둘러
싼 논란을 감안할 때 이러한 표차는 놀라운 정도였다. 이는 일단 민주
당 의원들이 당의 방침대로 따른 반면, 공화당 의원들의 상당수도 이
에 가담했기 때문이었다. 즉, 55명의 민주당 의원들 중 단지 3명만이
법안에 반대했고, 공화당 의원들은 45명 중 19명이 법안에 찬성표를
던졌다. 이 표결 결과는 당시 의회와 의원들이 무역 문제에 대한 해결
책으로서 새 무역법의 제정에 얼마나 전념했는지를 보여 준다. 새 무
역법안이 아직 여러 가지 논쟁적 조항을 포함하고 있고, 심지어 공장
폐쇄 통고법까지 첨가되었음에도 불구하고, 이 때문에 다른 핵심조항
들과 무역법 전체가 폐기되어서는 안 된다는 합의가 유지되었던 것이
다. 따라서 논쟁적 조항들의 해결은 하원 및 행정부와의 타협을 이룰
협의위원회의 단계로 넘어가게 되었다.[42]

를 가져올 것이며, 종합무역법의 취지에 반대되는 결과를 가져올 것이라고 이들은 주장
했다. 심지어 전국 제조업 협회(National Association of Manufacturers), 상공회의소
(Chamber of Commerce), 비즈니스 라운드테이블(Business Roundtable)을 포함한
미국 기업들의 6대 단체들은 공장 폐쇄 통고 법안이 종합무역법안에 포함될 경우 무역
법안 전체에 대한 지지를 철회하겠다고 위협했다. Stokes, "Giving Notice," p. 2060. 행
정부 역시 이러한 입장에 동의했다. 원안이 너무 극단적이고, 이 법안이 종합무역법에
포함되어 노조에 나눠지는 일종의 '떡고물' 성격이라고 반발했다. 공장 폐쇄 통고 법안
은 대통령이 무역법안에 대해 거부권을 행사할 수 있는 또 하나의 좋은 구실이 되었던
것이다.

42　표결 직전 댄포스는 자신이 법안에 찬성할 것임을 밝혔는데, 이 찬성이 '잠정적'임을 강
　　조했다. *Congressional Record*, Vol. 33, S.10293(July 21, 1987). 법안에 찬성한 19명
　　의 공화당 의원들 중 16명은 표결 직후 자신들의 찬성표는 잠정적인 것임을 분명히 했
　　다. 즉, 새 법안이 기존 무역정책을 개선하는 것이므로 그 입법과정을 중단시키지 않기

VI. 협의위원회의 타협

다음 단계의 입법과정은 9월에 시작되었으나 실제로 무역법의 입법활
동은 반 년 가까이 미루어졌다. 이는 양원의 핵심 소관위원회인 세입
위와 재무위가 예산 심의에 전념해야 했기 때문이다. 이에 따라 양원
의 17개 위원회에서 199명의 의원들이 참가한 협의위원회는 다음해 2
월에 이르러서야 본격적인 활동에 들어가게 되었다.

협의위원회의 지연은 입법과정과 그 결과에 몇 가지 중대한 영향
을 미쳤다. 우선, 무역법의 처리가 1988년 초까지 지연됨에 따라 선거
의 정치가 다시 입법과정에 큰 변수로 작용하게 되었다. 대통령 선거
와 의회 선거가 다가오고 각 예비선거들이 시작됨에 따라, 선거정치적
동기에 따른 판단이 개입되고 결과적으로 개인간, 정당간, 지역간 대
립이 거세어져 무역법안을 지탱해 오던 의회 지도부의 리더십과 양당
합의의 기조가 무너질 위험에 처하게 되었던 것이다. 한편, 선거정치
적 동기가 커지면서 자연히 노조와 각 기업 단체 등 이익집단의 영향
력이 두드러지게 되었다. 이는 다시 각 의원들은 물론 양당 지도부 역
시 정당정치적, 선거정치적 고려를 우선하도록 함으로써 마지막 순간
까지 타협을 거부하고 대립하는 상황을 초래할 수 있었다.[43]

협의위원회가 지연된 기간에 벌어진 우연한 사건들도 무역법

위해 법안에 찬성했으나, 이 법안이 여러 가지 '악법들'을 포함하고 있으므로 이러한 조
항들이 협의위원회에서 삭제되지 않을 경우 최종 표결에서는 분명히 반대하겠다는 것이
다. *Congressional Quarterly Weekly Reports*, July 25, 1987, pp. 1633-1636.

43 협의위원회가 지연되는 동안 대다수의 무역 전문가들은 이러한 냉각기간이 타협에 도
움이 될 것이며 불황(recession)이 지속되지 않는 한 다가오는 예비선거와 본 선거는
무역법안에 별 영향을 미치지 않을 것이라고 예측했었다. Bruce Stokes, "Trade Bill:
Bound for the Front Burner?" *National Journal*, January 2, 1988, pp. 30-31. 이러한
전망과는 반대로 협의위원회는 초반부터 선거정치에 휘말리게 되었다.

의 입법과정에 중요한 영향을 미쳤다. 1987년 가을의 '검은 월요일' (Black Monday)[44]도 이 중 하나로 무역법의 미묘한 입법과정에 간접적 영향을 미쳤다. 금융시장의 혼란을 목격하면서 의회 내에서 보호주의에 대한 비난이 거세어지고 반보호주의 세력의 입장이 강화되었던 것이다. 만일 새 무역법의 강경한 조항들에 자극받은 무역 상대국들이 이와 유사한 정책들을 채택하게 될 경우, 이로 인해 야기될 경제 대국들 간의 무역 분쟁은 혼란에 처해 있는 금융시장을 더욱 위태롭게 할 것이며 반세기 전의 대공황이 되풀이될 가능성을 높일 수 있다는 염려까지 대두되었다.[45] 이렇게 될 경우 그 책임과 비난은 당연히 의회와 새 무역법의 지지자들에게 집중될 것이다. 요컨대 스무트-홀리의 망령이 되살아났던 것이다. 이에 따라 상당수 의원들이 무역법안에서 보호주의적, 공격적 조항을 삭제하고 포괄적 정책과 연관되지 않은 특수 이익 조항들을 철회할 것을 요구하게 되었다.[46] 반면에, 지연 기간 동안 일어난 '도시바 사건'은 보호주의자와 수정주의자들의 입장 강화에 직접적 영향을 미쳤다.[47] 실제로 양원은 도시바사를 응징하는 수정안을 법안에 포함시켰고, 이는 한동안 의회와 행정부의 타협을 가로막는 중요한 장애 요인으로 작용했다.

협의위원회가 시작된 이후 수주 동안 양원은 핵심 조항들에 대한 타협에 도달했다. 로스텐카우스키와 벤슨은 협의위원회의 핵심 집단

---

44   1987년 10월 19일 미국 주식시장이 대폭락한 사태이다. 이날 하루 다우 존스 지수는 22.6% 폭락했는데, 이는 대공황을 촉발했던 1929년 10월 28일 주가 폭락의 두 배나 되는 규모였다.

45   *New York Times,* October 30, 1987.

46   Stokes, "Trade Bill," p. 31.

47   도시바 사건이란 일본 기업 도시바의 자회사와 노르웨이 기업이 대 공산권 수출금지 규정을 어기고 소련에 군사 부품을 밀수출한 사건이다. 이 사건은 당시 불붙고 있던 '일본 매도'(Japan bashing) 경향에 기름을 끼얹은 결과를 낳았다.

인 세입위와 재무위 소속 의원들을 독려하여 가능한 한 신속히 핵심조
항들을 처리하려 했다. 새 무역법안의 핵심내용들에 관해서는 양원 간
에 그리 큰 입장 차이가 존재하지 않았고 타협의 방향에 대해서도 서
로 묵시적 이해를 지니고 있었다. 따라서 3월 말에 이르러 이들은 대
부분의 조항에 관한 타협을 이루게 되었다. 그러나 댄포스가 지적했듯
이, 협의위원회의 목적은 상원과 하원 간의 타협을 이루는 것이라기보
다는 "의회와 행정부가 타협에 이르는 것"이었다.[48] 이러한 면에서 볼
때, 행정부 역시 법안의 신속한 처리에 도움을 주었다. 백악관은 반대
하는 조항의 명단을 협의위원회에 제출하고 이 조항들에 대한 타협을
이루기 위해 의회와 긴밀히 협의했던 것이다.

협의위원회에서 채택된 법안의 최종안(HR3)은 예상대로 보다 온
건했다. 특히 법안의 핵심인 301조 연관 조항은 대체로 양원안 중 온
건한 안을 채택했다. 우선, 의무적 보복조항에 있어서 하원안을 채택
하고 이에 약간의 수정을 했다. 즉, '부당한' 무역관행에 대해서만 보
복을 의무화하고 이에 대해서도 국가 안보, 국가 경제적 손실 및 상대
국 배상 등의 예외규정을 두었던 것이다. 대신 협의위안은 301조 권한
의 이전에 대해서는 보다 강경한 입장을 취했다. 로스텐카우스키가 하
원안의 채택을 고수하면서, 불공정 무역 관행의 판정 및 집행의 양 단
계 모두에서 권한을 대통령으로부터 무역대표부로 이전했던 것이다.

게파트 수정안은 협의위 안에서 삭제되고 상원안이 채택되었다.
그러나 그 과정은 애초의 예상만큼 평탄하지는 않았다. 앞에서 논의했
듯이 협의위 활동이 지연되면서 선거의 정치가 입법과정에 영향을 미
치기 시작했기 때문이다. 즉, 게파트가 민주당 대통령 후보 지명을 위

---

48 *Congressional Quarterly Weekly Reports*, March 19, 1988, p. 732.

해 예비선거에 출마했고 그의 선거운동은 무역의 문제를 최대 이슈로 내세웠다. 더욱이 게파트가 예비선거 초반에 선전하게 되자, 의원들은 무역 이슈에 대한 게파트식의 메시지가 지닌 유권자들에 대한 놀라운 호소력에 경각심을 갖게 되었다. 하원 측 협의위 위원들이 게파트 선거운동의 성패가 결정될 '수퍼 화요일'(Super Tuesday)[49]까지 게파트 법안에 대한 처리를 거부할 정도였다.

게파트 선거 운동이 무너지고 난 직후 양원 협의위원들은 신속히 게파트 수정안의 처리에 합의했다. 게파트 수정안 대신 상원안이 새 무역법안의 최종안으로 결정되었던 것이다. 이 최종안은 단지 재무위와 세입위에 부여했던 301조 발동 요구권을 삭제하고 몇 가지 제목과 용어를 수정했을 뿐, 더 이상의 논란이나 수정 없이 상원의 리글-댄포스 안을 그대로 수용했다. 3년간의 입법활동 결과 마침내 시장개방을 위한 공격적(aggressive) 무역정책의 최종안이 '무역자유화를 위한 우선 대상의 선정'(Identification of Trade Liberalization Priorities)이라는 조항, 즉 '수퍼 301조'로 확정되었던 것이다.

무역법안에 대해 계속된 행정부의 비난과 거부권 행사 위협에도 불구하고, 레이건 행정부가 대체로 수정된 최종안에 만족하고 있다는 관측이 지배적이었다.[50] 최종안이 비록 301조 권한을 무역대표부로 이전시키고 있으나 이 조항이 무역정책 결정과정에 중대한 결과를 가져

---

49 '수퍼 화요일'은 대통령 후보 지명에 있어서 남부 주들의 영향력을 증대시키기 위해 대다수의 남부 주들이 한꺼번에 예비선거를 치르는 것을 말한다. 1988년에 처음으로 아이오와 주와 뉴햄프셔 주 예비선거 직후에 치러지는 이 수퍼 화요일에는 상당수의 대의원이 결정되므로, 게파트를 포함한 모든 후보들의 운명이 결정될 것으로 예측되었다. 실제, 수퍼 화요일에 의해 공화당 후보로는 부시(George Bush)가 확정되었다. 민주당 측에서도 듀카키스(Michael Dukakis)의 후보 지명이 확실해졌고, 게파트는 수퍼 화요일에서 참패한 직후 사퇴하였다.

50 *Congressional Quarterly Weekly Reports*, April 16, 1988, pp. 1025-1026.

오리라고는 생각되지 않았다. 권한이 강화된다 해도 무역대표부는 어디까지나 백악관 직속 부서(executive office)의 하나이고 대통령의 지휘체계 아래에서 활동하기 때문이다. 의무적 보복조항 역시 원안보다 상당히 완화되었으므로 행정부로서는 만족할 만한 것이었다. '불합리한' 관행과 '차별적' 관행은 의무적 보복의 대상에서 제외되었을 뿐 아니라, '부당한' 관행의 경우에도 최종안은 많은 예외규정을 설정함으로써 행정부에 재량권을 부여하고 있었던 것이다. 수퍼 301조 역시 이러한 맥락에서 이해할 수 있다. 수퍼 301조는 정해진 기한 내에 정해진 절차를 통해 행정부로 하여금 무역 상대국에 대한 보복을 전제로 시장 개방 압력을 행사하도록 규정하고 있으나, 이는 원안의 게파트 수정안에 비교할 때 훨씬 완화된 조치였다. 더욱이 제재 여부와 방법에 있어서 행정부의 재량권을 인정하고 있었으므로, 행정부의 실제 집행 방식이 관건이라고 평가되었다.[51]

의회 역시 최종안에 만족스러웠다. 새 법안은 스무트-홀리 이래 최초로 의회가 주도하여 미국의 포괄적 무역정책을 수정한 것이며, 무역 적자 해결을 위해 행정부가 취해야 할 일련의 조치를 의회가 규정하였다. 새 무역법이 마련한 이러한 정책 수단들이 무역 적자 문제의 해결에 도움이 된다면 당연히 그 공은 의회가 차지할 것이다. 새 무역법이 무역문제 해결에 별 효과를 거두지 못할 경우에도, 의회는 최소한 국가의 중대한 문제에 대해 헌법상 수임기관으로서 정책을 수립해야 한다는 기대에 부응했던 것이다. 수퍼 301조와 같은 공격적 정책이 실패할 경우에도 의회는 이 조항들이 부여한 재량권을 지닌 행정부에 그 책임을 전가할 수 있었고, 만일 행정부가 이러한 정책을 제대로 집

---

51 Bello and Holmer, "The Heart of the 1988 Trade Act," pp. 64-65.

행하지 않을 경우 의회가 보다 개입적이고 공격적인 정책을 입법화할
수 있는 계기를 지니게 된다. 이렇게 볼 때, 3년여에 걸친 종합무역법
안의 입법과정은 결국 의회와 행정부 양자가 모두 차선책으로 만족할
수 있는 법안을 낳았던 것이다.

의회와 행정부가 종합무역법의 핵심 조항들에 대해 대체로 합의
에 이른 반면, 법안의 운명을 결정지은 것은 무역정책과 직접적 연관
이 없던 공장 폐쇄 통고 법안이었다. 유권자의 대다수가 이 법안에 찬
성하고 있음이 드러나자, 민주당 지도부는 이 조항에 관한 한 더 이상
타협을 거부하고 입법화를 추진하였다. 게파트 수정안의 삭제 이후 공
장 폐쇄 통고 법만을 최대의 목표로 삼고 있었던 노조의 영향력을 감
안할 때, 선거를 앞둔 민주당 지도부로서 이러한 입장은 당연했다. 한
편 기업 집단들의 반대 역시 확고했고, 이에 따라 행정부와 공화당 측
의 양보나 타협도 불가능했다.

이후의 과정은 예정된 수순으로 진행되었다. 상·하 양원의 민주
당 지도부는 공장 폐쇄 통고 법안을 포함한 종합무역법안을 본회의에
상정, 통과시켰고, 레이건은 이 법안에 거부권을 행사했다. 거부권을
번복하기 위한 표결에서 상원 민주당 지도부는 결국 3분의 2의 지지표
를 확보하지 못하고 법안은 일단 폐기되었다. 이러한 과정 중에도 이
미 양원 민주당 지도부는 공장 폐쇄 통고 법안을 제외한 새 법안을 준
비했고,[52] 이 새 법안은 신속하게 처리되어 마침내 1988년 8월 23일에
법률로 서명되었다.

종합무역법은 스무트-홀리 관세법 이래 최초로 의회가 포괄적 무

---

52 이 과정 중 행정부와 의회는 타협에 이르는데, 공장 폐쇄 통고 법안을 별도의 법안으로
    처리하여 행정부가 받아들이고, 이를 삭제한 종합무역법안에 레이건이 서명하겠다는 것
    이 그 내용이었다.

역정책의 수립에 개입하여 미국 무역정책의 방향을 해외시장 개방을 위한 공격적 정책으로 수정하려 했던 시도였다. 앞에서 논의한 바와 같이, 행정부의 고유 권한처럼 다루어지던 외교정책 전반과 특히 대외 경제정책에 있어서 이처럼 의회의 개입이 증대된 것은, 의회의 인적·물적 자원과 전문성이 확보되었다는 조건 위에, 선거정치에 기반을 둔 개개 의원들의 이슈 기획가적 활동, 정당간 대립의 심화, 그리고 의회가 입법부로서 제도적 이익을 보호하려는 경향이 증대된 때문이다. 반면에 정책 산출의 성패가 불확실하거나 정책의 결과가 막대한 희생을 수반할 가능성이 있는 정책 분야에 있어서 의회의 개입은 '책임회피'(blame avoidance)의 유인에 의해 통제된다.

종합무역법안의 입법과정과 결과는 이러한 행태적 정향들이 상호작용하며 이루어진 것이다. 입법 초기 단계에 있어서는 이슈 기획가들의 활동이 지배적이었고, 문제 해결보다는 선거정치와 정당정치에 의해 유발된 극단적이고 비현실적인 처방들이 제시되었다. 그러나 제100대 의회가 개원되면서 본격화된 입법과정에서 의회지도부는 헌법상 수임기관으로서 의회가 무역정책 분야에 '정당하게' 개입하여 해결책을 강구해야 한다는 압력에 놓이게 되었다. 이에 따라 초당적 합의와 행정부와의 타협을 바탕으로 실현성 있는(enactable) 법안의 수립에 중점을 두게 되었다. 이후의 과정에 있어서도 개인적, 정당적 차원에서 선거정치의 유인에 따라 마지막 순간까지 입법과정의 굴절은 있었지만, 선거정치의 영향이 쇠퇴하면서 의회 지도부의 입장이 다시 강화되었다. 개입의 정도를 결정한 또 하나의 중대한 유인은 의회의 주도로 수립된 강경한 정책이 실패할 경우, 그 책임을 회피하려는 동기였다. 강력한 공격적 일방주의의 채택이 무역전쟁을 야기하고 이에 따라 무역과 경제상의 위기가 초래될 수 있다는 우려 때문에 의회는 그 책임을 전담하지 않기 위해서도 개입의 정도를 자제하고 행정부에 폭넓은 재량권을 유지하도록 허용했던 것이다.

　결국 1980년대 중반 이후 미국 무역정책의 방향을 두고 사회 집단들과 양당 간, 양부 간에 벌어졌던 치열한 대결은 자유주의 질서의 심화로 귀결되었다. 보호주의적 방향이나 일방주의적 보복정책은 회피되었고, 미국은 우루과이 라운드를 통해 자유화의 확대를 추진하여 수년 후 WTO체제가 출범하게 되었다. 수퍼 301조와 같은 보복정책은 일시적·제한적으로 적용되어 미국 무역정책의 전반적 성격에 직접적으로 영향을 미치지는 않았다. 오히려 강력한 보복정책이 입법화될 수 있음을 과시함으로써 우루과이 라운드에 주저하던 무역 상대국들로 하여금 미국 주도의 자유무역 확대에 순응하도록 만드는 효과를 가져왔다고 평가된다.

제4장

분석 II: 북미 자유무역 협정의 비준과정

이 장에서는 1994년 1월 1일부터 발효된 북미 자유무역협정(North American Free Trade Agreement: NAFTA)이 미국 내에서 어떤 정치·사회 세력에 의해 어떤 목적에서 추구되었는지 밝힌다. 이를 위해 NAFTA를 둘러싼 갈등이 선명하게 드러났던 의회 내 NAFTA 비준과정을 분석한다.

주지하듯이 NAFTA는 1988년 조인된 미-캐나다 간 자유무역협정(Canada-U. S. Free Trade Agreement: CUFTA)에 기원을 두고 있다. 앞 장에서 살펴보았듯이, 당시 레이건 행정부는 1980년대 중반 이래 천문학적으로 누적되고 있는 무역 적자로 인해 심각한 정치적·경제적 문제를 안고 있었다. 이러한 상황에서 레이건 행정부는 세 수준에서 대응책을 강구했다. 우선 다자 수준에서 우루과이 라운드를 통해 세계 자유무역질서의 범위와 대상을 확대하고, 지역 수준에서는 캐나다와의 자유무역협정을 시도하며, 일방주의적 수준에서는 무역 적자의 주 원인인 일본과 동아시아 신흥공업국들에 대해 공격적인 시장개방정책을 취하는 것이었다. 공격적 시장개방정책이 보다 즉각적이고 과시적인 대응책이었다고 한다면, 레이건과 그 이후의 행정부들이 실질적 방안으로 추진하여 온 것은 우루과이 라운드의 조속한 타결이었다.

반면에 미-캐나다 자유무역협정은 미국의 포괄적 무역정책이나 세계 무역구조에 있어서 제한된 의미만을 지닌 것이었다. 미국과 캐나다 간의 교역이 이미 경제통합의 수준까지 진척되어 있었으며, 이 자유무역 협정이 기본적으로 북-북(北-北)간의 자유무역임을 감안할 때, 미-캐나다 자유무역협정은 우루과이 라운드의 부진한 진척과 EC의 역외 보호주의화 조짐에 대한 미국의 대외 위협용이라는 의미가 더 컸다고 볼 수 있다.[1] 국내적으로도 미-캐나다 협정의 영향은 제한되어 있었다. 북-북 간 자유무역 협정이므로 노-자(勞-資) 간의 심각한 갈등을 야기하지 않았고, 이미 상당 기간 진척된 양국간의 경제교류에 따라 산업 구조조정이 이루어져 왔으므로 산업 부문 간 갈등 역시 최소 수준이었던 것이다.[2] 따라서 미-캐나다 자유무역협정은 미국에서는 일부 산업 부문의 저항만을 수반한 채 쉽게 진행되었다.

멕시코를 포함하여 북미 자유무역지대를 수립하자는 생각은 1980년대 미겔 데라마드리드(Miguel de la Madrid) 행정부하에서 멕시코가 개방화 정책을 적극적으로 추진하기 시작하면서 돌출되었다. 그러나 NAFTA가 본격적으로 논의된 것은 살리나스(Carlos Salinas de

---

1   Sylvia Ostry, "The NAFTA: Its International Economic Background," in Stephen J. Randall, ed., *North America Without Borders?*, University of Calgari Press, 1992, pp. 21-30.

2   이 점에 대해 CUFTA 당시 미국의 정계, 관계, 학계 및 연관 이익집단들의 견해를 종합한 브루킹스 연구소의 국제회의록인 Edward R. Fried, Frank Stone and Philip H. Trezise, eds., *Building a Canadian-American Free Trade Area*, Brookings Institution, 1987을 참조하라.

Gortari)의 제안을 부시가 받아들인 1990년의 일이다. 부시 행정부가 NAFTA를 추진한 목적에 대해서는 다양한 논의가 전개되었다.[3] 한 가지 명확한 것은 당시 부시 행정부는 NAFTA 형성을 자유무역 확대의 한 방안으로 파악했다는 점이다. 이는 미국 내 재계의 이익과 공화당의 무역정책 방향에 부합하는 것이었다. 더욱이 NAFTA를 통해 멕시코가 경제적·정치적으로 안정화되고 이에 따라 중남미 전체에서 미국의 영향력이 공고해질 수 있다는 외교정책적 효과를 감안할 때, 부시 행정부로서는 살리나스의 제안을 거부할 이유가 없었다. 이에 따라 NAFTA는 2년간의 협상을 거쳐 1992년 말 3개국 간 합의에 이르게 되었다.

미-캐나다 간의 자유무역협정과 달리 NAFTA는 남북 간 자유무역지대를 형성한다는 점에서 대내외적으로 심각한 갈등의 소지를 지니고 있었다. 우선 미국의 자본 및 기술과 멕시코의 노동력을 결합함으로써 무역전환(trade diverting) 효과를 가져오게 되므로 역외 국가들에 대해 불이익으로 작용할 수 있었다.[4] 미국 내에서도 특정 산업 부문과 노동의 희생을 수반할 것으로 예상되었다. 요컨대 저임의 멕시코 경제와 통합함으로써 초국적 기업과 서비스 부문 및 첨단 산업 부문은 이익을 보는 반면, 곡물을 제외한 농업 부문과 의류업 등의 노동집약적 산업, 그리고 노동 전체는 큰 피해를 볼 것으로 전망했던 것이다.[5] 따라서 NAFTA에 대해 미국 내에서 합의를 이룬다는 것은 애초에 기

---

3   Gary C. Hufbauer and Jeffrey J. Schott, *North American Free Trade: Issues and Recommendations,* Institute for International Economics, 1992.

4   Jagdish Bhagwati, "Regionalism and Multilateralism: an Overview," in Jaime de Melo & Arvind Panagariya, eds., *New Dimensions in Regional Integration,* Cambridge University Press, 1993, pp. 22-50.

5   Robert Kreklevich, "North American Integration and Industrial Relations: Neoconservatism and Neo-Fordism?" in Ricardo Grinspun and Maxwell A. Cameron, eds., *The Political Economy of North American Free Trade,* St. Martin's, 1993, pp. 261-270.

대하기 힘들었고, 3국간의 협상이 진행되면서 NAFTA의 내용이 드러남에 따라 반대 여론이 급속히 확산되었다.

이에 따라 NAFTA 협상이 진행 중이던 1992년 선거에서 NAFTA는 중요한 이슈로 떠오르게 되었고, 선거가 클린턴의 승리로 끝난 뒤 NAFTA 반대세력은 조직적 반대운동을 본격화하였다. 이 반대세력은 NAFTA의 직접적 경제적 피해자인 노동과 농업 부문을 비롯하여 환경 운동집단들과 상당수의 공익집단(public interest group)들로 구성되었다. 주지하듯이 이들은 전통적으로 민주당의 핵심 지지세력이다. 따라서 클린턴 행정부 초기, NAFTA의 비준 가능성은 희박한 것으로 간주되었고, 설사 비준된다 하더라도 원안의 대폭 수정이 불가피할 것으로 예측되었다.

그러나 이러한 예측과는 달리 NAFTA는 최소한의 수정만을 거친 채 1993년 11월 의회에서 비준되었다. 그렇다면 NAFTA는 누구에 의해 어떠한 목적으로 추진되었는가? 각 정책에 이해관계가 결부된 세력들이 조직화되어 정책 결정과정에 영향을 미치는 미국 의회 정치과정의 성격으로 미루어 볼 때, 그리고 가시적인 경제적 이해를 대상으로 하는 무역정책의 결정과정이 통상 관련된 이익집단들의 첨예한 갈등을 수반하여 왔다는 점을 감안할 때, NAFTA가 의회에서 비준될 때까지 정치과정에 찬반 양 세력들이 치열한 활동을 벌였으리라 짐작할 수 있다. 또한 NAFTA 반대세력이 일찍부터 조직화되어 강력한 영향력을 행사하였던 점으로 미루어, NAFTA가 비준되는 데에는 지지세력 혹은 추진세력이 이에 못지않게 강력히 작용했어야 할 것이다. 요컨대 NAFTA 비준과정은 미국 무역정책 결정과정에서 행정부와 의회, 양당 및 이익집단들이 첨예한 대결을 벌이는 모습을 선명하게 보여 준, 최근의 가장 좋은 사례로 평가된다.

I. NAFTA의 목적에 대한 제 해석

NAFTA의 비준 당시 NAFTA를 추진한 미국의 목적이 무엇인가에 관해 여러 가지 주장이 제기되었다. 전형적인 것은 경제적 이득을 위해 미국이 NAFTA를 원했다는 설명이다. NAFTA에 의해 창출되는 북미 대륙의 시장이 미국 경제에 큰 도움이 되리라는 것이다. NAFTA 지지자들과 부시 이래 행정부들이 애용해 온 이 주장에 따르면, NAFTA는 3억 6천만의 인구를 묶는 6조 달러 규모의 세계 최대 시장을 창출하며, 따라서 미 경제의 성장과 고용창출에 커다란 기여를 하리란 것이다(〈표 4-1〉 참조).[6] 또한 개방 이후 멕시코와 교역량이 급속도로 증대하고 있고 1990년대 들어 멕시코로부터 무역수지 흑자가 누적되고 있음을 감안할 때, NAFTA를 통한 미-멕시코 간 무역 확대는 미국 경제의 활성화와 미국 기업의 이윤 확보를 위해 최상의 방안 중 하나로 간주되었다. 특히 많은 경제적 분석들이 NAFTA의 최대 수혜자로 지목하고 있는 자동차, 곡물, 운송, 금융 등의 산업 부문이 멕시코와 무역 자유화로 얻는 이득이 상당할 것으로 평가되었다.[7]

이와 같이 NAFTA가 미국 경제와 각 산업 부문에 미치는 교역상의 효과를 강조하는 시각들은 이 이익의 수혜자인 각 산업 부문과 기

6　Hufbauer and Schott, *North American Free Trade*; Laura Lustig, Barry P. Bosworth and Robert Z. Lawrence, *North American Free Trade: Assessing the Impact,* Brookings Institution, 1992.

7　U. S. International Trade Commission, *Potential Impact on U. S. Economy and Selected Industries of the North American Free Trade Agreements,* USITC, 1993; Sidney Weintraub, *U. S.-Mexican Industrial Integration: The Road to Free Trade*, West View Press, 1991; Hufbauer and Schott, *North American Free Trade;* Lorraine Eden and Maureen Appel Molot, "Continentalizing the North American Auto Industry," in Grinspun and Cameron, eds., *The Political Economy of North American Integration,* pp. 297–314.

표 4-1. 미국 · 캐나다 · 멕시코의 상대적 경제력(1990)

	미국	캐나다	멕시코
GDP(10억 달러)	5,514	572	214
인구(백만명)	250.0	26.6	86.1
1인당 GDP(달러)	22,055	21,527	2,490
1인당 평균임금	69.14	67.98	8.11

업들이 미국 내에서 NAFTA를 추진한 세력이었음을 암시한다. 요컨대 각 산업 부문별, 기업별 이익집단들이 NAFTA라는 정책의제의 형성을 주도했거나, 비준과정에서 강력한 지지세력의 역할을 담당했다고 볼 수 있는 것이다.

또 다른 경제적 해석은 NAFTA를 기본적으로 '자본의 이동성 (capital mobility) 증대'를 위한 '초국적 기업의 의제'(transnational corporate agenda)로 파악한다. 주로 진보적 학자들이 제기한 이 해석은 미-멕시코 간의 자유무역에 의한 교역 효과보다는 자본의 자유로운 이동을 통한 노동비용 감축에 초점을 두고 있다. 즉 1970년대 이래 경쟁의 심화와 노동비용의 상승으로 초국적 기업의 이윤율이 하락하자 이에 대한 유일한 대안으로 강구된 것이 값싼 노동력을 확보하여 생산비용을 감축하는 것이었고, 이를 위해서는 자본의 이동성을 증대시켜야 했다는 것이다.[8] 자본의 이동을 보다 자유롭게 함으로써 초국적 기업들은 저임의 노동이 풍부한 멕시코로 생산설비를 이전하거나 이전을 위협함으로써 국내 노동의 임금수준을 낮게 유지할 수 있게 된다는 것이다. 우루과이 라운드와 미-캐나다 자유무역협정, 그리

---

8   David C. Ranney, "NAFTA and the New Transnational Corporate Agenda," *Review of Radical Political Economy*, 25: 4(1993), pp. 1-13; Tim Koechlin, "NAFTA and the Location of North American Investment: A Critique of Mainstream Analysis," *Review of Radical Political Economy*, 25: 4(1993), pp. 59-71.

고 NAFTA는 모두 이를 위한 초국적 기업의 대책들이며, 지리적으로 인접해 있고 임금 수준이 낮은 멕시코와 자유무역을 확대하는 것은 특히 자본의 이동성을 급격히 높이는 방안으로 강력히 추진되었다고 이들은 주장한다. NAFTA에 대해 강력한 반대를 주도했던 노조의 시각도 미국 자본과 생산설비의 멕시코 이전이 반대의 주원인이었다는 점에서 이러한 해석에 기반을 두고 있다고 볼 수 있다.

NAFTA의 교역 효과를 종합적으로 검토한 연구들 중에도 자본의 이동성을 NAFTA의 최대 효과로 강조하는 경우가 있다. 미국과 멕시코 간의 무역이 이미 상당 수준으로 이루어져 있고 양국의 관세율이 충분히 인하되어 있으며[9] 비관세 장벽 역시 몇 가지 품목에만 제한적으로 존재하기 때문에, 교역 효과에 관한 한 NAFTA와 같은 자유무역 협정이 굳이 필요하지 않으며 그 효과도 작다는 것이다.[10] 그럼에도 불구하고 NAFTA가 양국 경제에 중요한 이유는 멕시코로 자본 이동을 용이하게 한다는 데 있다. 자본 이동성의 증대는 멕시코의 입장에서는 경제개혁을 지속하는 데 필수적인 것이고, 미국에 있어서도 산업 구조 조정과 초국적 자본의 이윤율 하락을 막는 데 필요한 것이기 때문에, NAFTA는 이를 위한 양국의 공통의 이해에 의해 이루어진 것이라고 볼 수 있다는 것이다.[11]

NAFTA를 추구한 미국의 동기를 자본의 이동성 확보로 파악하는

---

9   1990년 당시 미국에 있어서 멕시코는 3번째 규모의 수출시장이며 미국은 멕시코의 최대 수출시장이다. 또 NAFTA 직전 미국의 멕시코에 대한 관세율은 4퍼센트였으며 멕시코의 대미 관세율은 9퍼센트였다.

10 Jaime Ros, "Free Trade Area or Common Capital Market: Mexico-U. S. Economic Integration and NAFTA Negotiations," in Ambler H. Moss, ed., *Assessments of the NAFTA*, Transaction, 1993.

11 *Ibid.*; Maxwell A. Cameron, "North American Trade Negotiations: Liberalization Games Between Asymmetric Players," a paper presented at the 15th IPSA, 1991.

이러한 해석에는 NAFTA의 정치과정에서 초국적 자본의 영향력이 강력히 행사되었을 것이라는 추측이 뒤따른다. NAFTA의 목적과 결과가 초국적 자본의 이익에 직접적으로 결부되므로, NAFTA 의제의 형성이나 강력한 반대세력을 견제하는 데 있어 초국적 자본이 중요한 역할을 수행했을 것으로 짐작할 수 있다.

셋째, 미국의 NAFTA 추진은 지역주의(regionalism)의 맥락으로도 파악될 수 있다. 이러한 시각은 미국이 NAFTA를 추진하기 시작했던 시점이 우루과이 라운드 협상이 교착상태에 빠진 때였다는 사실을 중시한다. 다자주의적 접근에 의한 자유무역 확대와 이에 따른 해외시장 확충은 레이건 이래 행정부의 기본 방향이었다. 미국은 1980년대 중반부터 새로운 다자협상, 곧 우루과이 라운드를 주도했고, 우루과이 라운드의 조속한 타결을 통해 세계 자유무역질서의 적용 대상과 범위를 확대하려 했다. 즉 기존 GATT체제의 적용 대상이 아니었던 농업, 서비스, 직접투자 등의 부문을 자유화하고 관세·비관세 장벽의 철폐 문제뿐 아니라 구조적 이슈들과 노동·환경 등의 이슈들까지도 자유무역 협상의 범위에 포함시킴으로써, 이 부문들에서 비교우위를 유지하고 있는 미국 경제의 대외 경쟁력을 높이려 했던 것이다. 이러한 목적으로 추진된 우루과이 라운드가 6년여가 지나도록 원만히 타결되지 않자 미국이 그 대안으로 추구하게 된 것이 NAFTA라는 것이다. 즉, 다자적 접근의 가능성이 불투명해지자 차선책으로 미국이 추구하기 시작한 것이 지역주의적 방안이며, 이는 NAFTA를 시작으로 아시아-태평양 경제 공동체(Asia-Pacific Economic Community: APEC) 구상과 서반구 전체로 NAFTA를 확대하는 방안까지 이르게 되었다는 해석이다.[12]

미국의 지역주의 시도를 다자주의의 대안이라기보다 EC와 일본에 대한 위협용으로 간주했던 경우도 있다. 우루과이 라운드 협상에 미온적인 국가들이 적극적으로 협상 타결에 나서도록 하기 위해 미국이 지역주의적 대안을 강구하고 있는 것처럼 보이려 했고, NAFTA는 이러한 위협용 전술로 추진되었다는 것이다.[13] 또는 조만간 형성될 소위 '요새화된 유럽'(fortress Europe)과 동아시아권을 견제, 대비하기 위한 전략으로 북미의 지역주의가 채택되었다는 시각도 있다.[14] 미국의 지역주의를 설명하는 또 다른 시도는 미국 산업의 경쟁력 제고 전략으로 NAFTA를 파악한다. 미국은 GATT-WTO라는 다자주의적 자유무역의 틀을 유지하는 한편, 이 틀에서 크게 벗어나지 않는 한도 내에서 자국 산업의 시장을 보호하고 경쟁력을 제고하기 위해 풍부한 저임의 노동력과 8천만의 잠재적 시장을 지닌 멕시코와 자유무역을 원했다는 것이다.[15]

어떤 경우이든 지역주의적 해석들은 NAFTA가 기본적으로 포괄적 무역정책에 있어서 행정부의 대안 혹은 전술이었다고 간주한다. 즉, NAFTA는 미국의 국익을 확보하기 위해 행정부에 의해 강구되고 행정부에 의해 추진된, 행정부의 정책의제라는 것이다. 또한 당시 국제 무역환경의 변화에 대한 대응으로 추구된 것이므로, 부시가 살리나스의 NAFTA 제안을 받아들인 때부터 클린턴에 의해 NAFTA 비준

12 Jagdish Bhagwati, "Regionalism and Multilateralism: an Overview," in Jaime de Melo and Arvind Panagariya, eds., *New Dimensions in Regional Integration*, Cambridge University Press, 1993, pp. 22-50: Jaime de Melo, "Introduction," de Melo and Panagariya, eds., *New Dimensions in Regional Integration*, pp. 3-21.

13 Robert A. Pastor, *Integration With Mexico: Options for U. S. Policy*, Twentieth Century Fund, 1993.

14 Sandro Sideri, "Restructuring the Post-Cold War World Economy: Perspectives and a Prognosis," *Development and Changes*, 24: 1(1993), pp. 7-27.

15 Susan Strange, "Are Trading Blocs Emerging Now?" a paper presented at 15th IPSA, 1991.

이 추진된 때까지 행정부가 자신의 정책목표로 일관되게 추진해 왔
을 것으로 파악한다. 지역주의적 해석의 타당성을 입증하기 위해서는
NAFTA의 제안에서 비준까지 전 과정에서 행정부가 주도적으로 그리
고 일관되게 이를 추진했음을 보여야 할 것이다.

　NAFTA를 행정부 정책의 산물로 보는 또 다른 시각은 NAFTA의
외교안보적 측면을 강조한다. NAFTA에 결부된 미국의 경제적 이득은
작은 반면, 멕시코에 있어서는 NAFTA의 성공이 사활적 이익이었다는
점을 이 시각은 강조한다. 요컨대 NAFTA는 멕시코의 내부 문제이며,
미국에 있어서는 대외정책상의 문제라는 것이다.[16] 살리나스 이래 추
진되어 온 멕시코의 개혁과 개방화, 자유화는 미국에 있어서 외교정책
상 중대한 문제이다. NAFTA는 살리나스의 개혁이 성공을 거둘 수 있
는 유일한 길이며, 살리나스 이후에도 멕시코의 개혁이 유지되도록 보
장해 주는 제도적 장치이다. 따라서 자신의 뒤뜰(멕시코)과 텃밭(중남
미 제국)의 안정을 원하는 미국으로서는 멕시코 개혁의 성공에 중대한
이해가 결부되어 있고 NAFTA는 이를 위한 가장 저렴한 방안이라고
볼 수 있다.

　이 해석 역시 NAFTA 형성과정에서 핵심적 역할을 행정부에 부여
하고 있다. 이차대전 이래 미국의 자유주의 정책이 행정부에 의해 추
구되어 왔고 그 저변에 미국의 안보 이익을 우선시하는 행정부의 동기
가 크게 작용하였음은 주지의 사실이다. 따라서 행정부는 자유무역의
유지와 확대에 반대하는 많은 사회집단과 의회 내 보호주의 세력의 저

16　Paul Krugman, "The Uncomfortable Truth about NAFTA: It's Foreign Policy, Stu-
　　pid," *Foreign Policy,* 72: 5(1993), pp. 13–19; William A. Orme, Jr., "Myths versus
　　Facts: The Whole Truth about the Half-Truths," *Foreign Affairs,* 72: 5(1993), pp.
　　2–12.

표 4-2. NAFTA에 관한 해석과 정치과정적 가설

NAFTA에 관한 해석	정치과정적 가설
교역 효과, 멕시코 시장 선점	기업들의 주도 혹은 적극적 참여
자본의 이동성 증대	초국적 기업 주도
UR의 대안적 지역주의	행정부의 포괄 무역정책 주도, UR 타결 여부과 연계
EU · 일본 대안책	행정부 주도, UR 타결 여부 및 시기와 연계
지역주의적 대안	행정부 주도, 포괄 무역정책 수립 시기와 연계
외교 · 안보정책	행정부 독점, 주도, 반대세력과 대립

항에도 불구하고 국가 이익 확보의 차원에서 자유주의 정책을 고수해
왔다. NAFTA는 이러한 경우의 또 하나의 예이다. 즉, 멕시코와 자유
무역으로 피해를 받을 사회 세력들의 집요한 저항에도 불구하고, 그리
고 실제 미국의 경제적 혜택이 작기 때문에 NAFTA를 지지하는 세력
이 작음에도 불구하고 NAFTA가 비준될 수 있었던 것은, 안보와 외교
적 차원의 국가 이익을 위해 행정부가 이를 강력히 추진했기 때문이라
는 것이다. 따라서 NAFTA 비준의 정치과정은 행정부와 NAFTA 반대
세력이 대결한 과정이며, NAFTA에 연관된 이익들의 자발적 지지활동
은 미약한 것으로 드러날 것이다.

지금까지 살펴본 NAFTA에 관한 해석들을 정치과정적 가설로 치
환하면 위의 〈표 4-2〉와 같다. 이 장에서는 NAFTA의 의회 비준과정
을 특히 이익집단들과 행정부, 의회의 움직임에 초점을 두고 분석함으
로써 이러한 가설들의 타당성을 검증하고 NAFTA의 의미를 재해석할
것이다.

II. NAFTA 비준과 이익집단 정치

1. NAFTA 반대세력

NAFTA에 대한 반대는 이 의제가 처음 논의되던 1990년부터 NAFTA 협상이 진행되던 기간 중에 이미 산발적으로 전개되었다. 특히 노동계와 환경집단들이 중심이 되어 NAFTA가 미국의 임금과 고용, 그리고 미-멕시코 간 국경지대의 환경에 미칠 악영향을 부각시키는 반대운동을 전개하곤 했다. 이들 중 일부는 NAFTA 이슈를 1992년 예비선거와 대통령 선거의 주요 이슈로 만들려고 시도했다.

그러나 이들의 NAFTA 반대운동이 보다 조직화되고 본격화된 것은 클린턴(William Clinton)이 대통령 선거에서 승리를 거둔 이후이다. 뒤에서 살펴보겠지만 선거운동 기간 중 클린턴은 NAFTA에 대해 유연한 태도를 지니고 있는 것처럼 보였다. 클린턴은 수차례 자신이 자유무역론자임을 강조하면서, NAFTA의 무역 확대 효과에 기본적으로 찬성한다고 밝히는 한편, NAFTA가 국내 임금과 환경 등에 미칠 부정적 효과는 방지해야 한다는 태도를 취했던 것이다. 그는 NAFTA라는 어려운 이슈에 대해 명확한 입장을 유보함으로써 유권자들 중 어느 한 쪽도 소외시키지 않으려 했던 것으로 보인다.

그러나 대다수 NAFTA 반대론자들은 클린턴의 이러한 태도를 상당히 우호적인 것으로 받아들였다. 즉, 클린턴이 집권하자 민주당의 핵심 지지세력인 노동과 환경집단은 자신들이 강력한 반대운동을 전개할 경우 클린턴이 NAFTA를 포기하거나 혹은 대선 공약대로 NAFTA 원안에 '충분한' 수정을 가하리라고 판단했던 것이다. 따라서 이들은 클린턴 행정부에 압력을 가하기 위해 보다 강력한 반대운동을 추진하기 시작했다. 그러나 클린턴이 제공한 NAFTA 보완 협상(sup-plemental agreements) 결과가 만족스럽지 못하게 되자 이들은 이후 NAFTA의 의회 비준과정에서 본격적으로 강력한 반대운동을 전개하게 되었다. NAFTA 반대세력은 일찍부터 조직화되어 있었고, 비준의 초기 단계에서부터 강력한 영향력을 행사했던 것이다.

NAFTA 반대세력은 노조, 환경운동집단, 공익집단들과 소위 '페로 공화당원'(Perot Republican) 및 일부 농업 부문 등의 이질적 세력으로 구성되었다. 이들 간의 협력과 제휴의 정도가 미미했고 각기 상이한 목적에서 반대운동을 전개했던 점을 감안하여 이들의 활동을 각각 살펴보자.

우선, 노조는 NAFTA 논의가 시작된 이래 NAFTA의 최대 희생자가 노동이라고 인식했다. 멕시코와의 경제통합에서 미국이 얻을 수 있는 이익은 기본적으로 멕시코의 저임 노동력에 기인한다는 것이 노동계의 시각이었고, 따라서 NAFTA는 필연적으로 미국 기업들의 대규모 멕시코 이전이라는 결과를 초래할 것으로 보았던 것이다. 설사 자본의 이동이 대규모로 일어나지 않는다고 하더라도 멕시코로의 생산 설비 이전을 위협함으로써 기업이 노동에 대해 우위를 점하리라고 노동은 진단했다. 멕시코와의 통합이 대량 실업과 실질임금의 하락이라는 중대한 위협을 노동에 가져다 줄 것이라고 보았던 것이다. 이미 진행되고 있던 미국 기업들의 마킬라도라(maquiladora) 이전은 노조의 이러한 우려를 현실적인 것으로 뒷받침하기에 충분했다.[17]

따라서 노동은 일찍부터 조직화되어 NAFTA 반대운동을 추진했

---

17 물론 노동계 내부에도 이견이 존재했다. 자유무역의 확대가 불가피하다는 점을 인정하고, 이 추세의 일부로 NAFTA를 수용하는 입장도 있었다. 그러나 이들 역시 자유화의 국내 경제적·사회적 충격을 완화하기 위해 충분한 시간과 지원을 요구했고, NAFTA 원

고, 특히 NAFTA 보완협상과 비준과정에 있어서 반대세력의 중추적 역할을 담당했다. 조직 노동 중에도 의류 노조(International Ladies Garment Workers' Union: ILGWU)와 같이 멕시코로 자본 이동 가능성이 가장 높고 멕시코와 경쟁에서 뒤질 것으로 예상되는 부문의 노조들은 NAFTA 자체를 무효화할 것을 요구했다.[18] 반면, 자동차 노조(United Auto Workers: UAW)와 전미노조(AFL-CIO) 산하 대부분의 노조들은 NAFTA 보완협상에서 클린턴의 대선공약과 같이 노동에 대한 피해를 극소화할 수 있는 구체적 방안을 강구해 줄 것을 요구하거나[19] 노동의 재교육에 대한 투자 증대의 필요성을 역설했다.[20] 그러나 보완협상이 큰 변화를 가져오지 못한 채 NAFTA가 비준단계에 돌입하자, 이들은 AFL-CIO를 중심으로 강력한 비준 반대운동을 전개하게 되었다.

노동의 반대운동은 NAFTA 비준이 거의 좌절될 정도로 강력한 영향력을 발휘했다. 사실 하원 표결을 2주 남겨 놓은 시점에 있어서도 하원 내에서 NAFTA 반대가 우세했고 표결 직전에도 통과가 불분명했던 데는 노동의 반대가 가장 중요한 요인으로 작용했다. 이와 같이 강력한 노동의 영향력은 두 가지에 근거했다. 첫째, NAFTA에 대한 노동의 반대 강도(intensity)가 대단히 컸다는 점이다. 뒤에서 살펴보듯이,

안에는 기본적으로 반대했다. 이러한 논의로 Stephen F. Diamond, "U. S. Labor and North American Economic Integration," in Grinspun and Cameron, eds., *The Political Economy of North American Integration*, pp. 251-260 참조.

18   U. S. Congress, Senate, Committee on Finance, *Hearing on U. S. Trade Policy and NAFTA*, March 3, 1993, pp. 374-381.

19   *Ibid.*, pp. 122-125.

20   Jeff Faux and Thea Lee, "Implications of NAFTA for the United States: Investment, Jobs, and Productivity," in Grinspun & Cameron, eds., *The Political Economy of North American Integration*, pp. 219-235.

NAFTA를 지지하는 이익집단들의 지지의 강도는 그리 크지 않았음에 비해 노동은 NAFTA 저지에 총력을 기울일 만큼 강력히 반대운동을 전개했다. 심지어 AFL-CIO의 의장 커클랜드(Lane Kirkland)는 공개적으로 민주당 대통령인 클린턴의 NAFTA 비준 노력을 비난하면서, NAFTA가 관철될 경우 민주당에 대한 전통적 지지를 철회하겠다고 천명했다. 지역 단위의 노조들 사이에서는 NAFTA가 통과될 경우 제3당을 창설하는 문제까지 거론되는 실정이었다. 요컨대 NAFTA의 혜택은 널리 분산되어 있었으나 그 비용은 노동에 집중되어 있었으므로 노동의 반대가 보다 강력할 수밖에 없었고 따라서 그 영향력도 강했다고 평가할 수 있다.

둘째, 이처럼 노동이 강력히 반대하는 상황에서 전통적으로 노조의 영향력이 강한 동부와 중서부의 민주당 의원들은 노동의 요구를 거부할 수 없었다. 노조의 인적·물적 지원이 선거 승리의 주 기반인 이들에게 노동에 이같이 중대한 이슈에 대해 노동의 요구에 반하여 결정하기란 불가능에 가까웠다고 볼 수 있다. 더욱이 지역 단위의 노조들이 NAFTA 찬성 의원들에 대해서는 재선 방지 운동을 하겠다고 위협하는 상황에서 노조의 지지에 크게 의존하는 민주당 의원들은 선택의 여지가 별로 없었다.

NAFTA 반대의 핵심세력으로서 노동의 영향력은 이와 같이 보기 드물 정도로 강력한 것이었으나 결과적으로 NAFTA를 저지하기에 충분하지는 못했고, 또 본질적으로 제한적일 수밖에 없었다. 첫째, 산술적으로 노동의 독자적 영향력으로는 NAFTA 비준을 저지할 정도의 원내 반대표를 모을 수 없다. 따라서 다른 반대세력, 즉 환경집단이나 공익 집단, 그리고 페로(Ross Perot) 지지자들의 도움 및 이들과의 제휴가 필요했다. 그러나 뒤에서 살펴보듯이 이들의 영향력은 그리 크지

않았거나 반대의 강도가 노동만큼 강하지도 않았고, 노동과의 제휴가
가능하지도 않았다.

둘째, 민주당에 대한 노동의 영향력 자체가 크게 위축되어 가고
있는 상황이라는 점 역시 노동의 한계라고 볼 수 있다. 전통적으로 민
주당의 뉴딜 연합의 강력한 축을 형성했던 노동의 영향력은 1970년
대 초 예비선거와 정당구조가 개혁되면서 크게 위축되어 왔다.[21] 더욱
이 '신 민주당'(New Democrat)을 자처하는 클린턴 행정부에 대한 노
조의 영향력은 더욱 감소될 수밖에 없었을 것이다. 또한 민주당에 대
한 지지를 철회하겠다는 노조의 위협 역시 현실성이 없다고 간주될 수
있었다. 민주-공화 양당구조에서 노조가 민주당을 떠날 경우 갈 곳이
없었기 때문이다. 공화당을 지지할 수도, 그렇다고 일부 지역 단위 노
조에서 제기되었듯이 제3당을 창설한다는 것도 미국 정치 현실에서
가능하지 않다. 클린턴 행정부는 노조의 위협을 심각한 것으로 받아들
이기는 했으나 이러한 이유 때문에 노동의 반대를 정면으로 헤쳐 나
가기로 결정했다. 또 경제 활성화 대책이라든가 의료보험 개선안 등
NAFTA 직후 처리될 중요한 정책 사안들에 노동의 중대한 이익이 걸
려 있었고, 이에 대해 행정부와 협력해야 했다는 점 역시 클린턴 행정
부가 'NAFTA 전투'에서 노동을 적으로 삼을 수 있게 했다.

환경집단들 역시 NAFTA 논의의 초기부터 반대운동을 전개했다.
이들은 미국과 멕시코 국경지대의 개발로 야기될 환경오염 문제를 제
기하면서 멕시코의 느슨한 공해 규제정책이 NAFTA로 인해 더욱 악
화될 것에 반대했으며, 미국 기업들이 환경오염에 대한 규제를 피하기
위해 멕시코로 이전하게 될 것을 우려했다.[22] 이들은 NAFTA의 환경문

21   Nelson W. Polsby, *Consequences of Party Reform*, Oxford University Press, 1983.
22   Steven Shrybman, "Trading Away the Environment," in Grinspun and Cameron,

제를 이슈화하는 데 일찍부터 성공을 거두어 환경문제는 NAFTA의 양 대 이슈로 떠오르게 되었다. 환경집단들은 환경 이슈를 중시하는 진보 적 활동가들과 중산층, 즉 민주당 연합의 또 하나의 축에 큰 영향을 미 친다. 이에 따라 클린턴 행정부는 NAFTA 보완협상을 통해 미-멕시코 간의 환경정책을 조정할 제도적 장치를 갖추도록 하고 환경오염 감시 기구와 그 활동을 위한 기금 조성을 NAFTA에 포함시켰다. 노동의 강 력한 반대에 직면한 클린턴 행정부로서는 환경집단들의 반대까지 극 복하기는 힘들다고 판단했던 것이다.

보다 중요한 것은 NAFTA에 대한 환경보호주의자들의 반대는 제 한적이었다는 점이다. 이들은 멕시코와의 자유무역 자체를 반대한 것 이 아니라 NAFTA가 가져올 환경에 대한 악영향 때문에 NAFTA를 반 대했다. 따라서 환경오염에 대한 대책을 강구하라는 것이 이들의 요 구였으며, NAFTA 자체를 저지시키려는 것은 아니었다. 더욱이 환경 집단들 중 상당수는 무역정책 수립과정에서 환경 이슈가 제기되어 이 에 대한 고려를 하기 시작했다는 점에 충분히 만족하고 있었다. 클린 턴의 NAFTA 보완협상 결과가 실제 환경집단이 요구했던 수준에 훨씬 미치지 못했음에도 불구하고 대부분의 환경집단들이 이를 받아들이고 NAFTA에 대한 반대를 철회했던 이유가 여기에 있다.

세 번째 주요 반대세력은 페로 지지자들이다. 1992년 대선에 무 소속으로 출마했던 페로는 이미 선거 기간 중 NAFTA에 대한 반대를 이슈화했던 바 있다. 페로는 NAFTA 이슈를 자신의 정치적 부활의 기 반으로 삼으려는 의도에서 1993년 초 NAFTA 보완협상이 제기되면서 부터 본격적으로 반대운동을 조직화하기 시작했다. 페로의 반대운동

eds., *The Political Economy of North American Integration*, pp. 271-295.

은 그의 재력을 바탕으로 한 TV 광고를 통해 이 기간 동안 NAFTA를 전국적 논쟁으로 끌어가는 데 큰 공헌을 했다. 특히 페로는 NAFTA로 인해 미국의 기업들이 멕시코로 이전하고 미국에는 실업이 만연할 것이라는 점을 집중 선전함으로써 노동의 악몽을 일깨웠다. 자신의 정치적 기반을 노동으로 확대하여 일종의 민중주의적 지지기반을 형성하려 했던 것이라고 볼 수 있다. 그러나 이 같은 페로의 시도는 내부 모순을 안고 있는 것이어서 그 영향력도 한계를 지닐 수밖에 없었다. 1992년 선거에서 드러났듯이 페로의 지지기반은 공화당의 우파인데, 이들에 있어 NAFTA가 몰고 올 실업의 문제는 자신의 문제가 아니었던 것이다. 노동의 경우에도, 노동의 권익을 대변하는 인물로서 페로는 너무나 먼 정치적 거리에 있었다. 그럼에도 불구하고 일부 지역에서 페로의 반대운동은 비준의 마지막 단계까지 심각한 장애로 남게 된다. 특히 페로 지지자가 많은 지역구의 공화당 의원들이 NAFTA 비준을 쉽게 지지하지 못하는 결과를 낳았던 것이다.

2. NAFTA 지지세력

NAFTA의 비준을 위해 가장 강력한 지지운동을 벌인 것은 멕시코 정부 및 기업들이었다. 멕시코가 벌인 NAFTA 로비는 당시까지 외국 연관 로비 중 최대 규모로 전개되었다. 예컨대 1970년대의 코리아게이트나 1980년대 말 도시바 사건을 둘러싼 일본 로비, 또 걸프전 당시 쿠웨이트 로비 등 부정적인 외국 로비의 전형으로 손꼽혔던 로비들이 천만 달러 미만 규모였음에 비해 멕시코의 NAFTA 로비는 로비스트들에 지출한 액수만 해도 3천만 달러에 육박했다.[23] 법무부 자료에 따르면, 워싱턴의 법률회사와 홍보회사 등 로비회사들이 NAFTA와 연

관되어 수주한 용역의 고객들 중 거의 대부분이 멕시코 정부, 특히 상
무부(Mexican Ministry of Commerce and Industrial Development:
SECOFI)와 민간 기업들의 연합체인 COECE(Coordinating Council
for Export Business)였다. 이들은 레이건 행정부 당시 USTR이었던 브
록(William Brock)을 비롯해 통상 부문 최고의 로비스트들을 동원하
여 NAFTA 지지운동을 벌였다.[24]

살리나스 행정부가 NAFTA에 경제정책의 성패를 걸고 있었음을
감안할 때 멕시코 정부의 대규모 로비는 당연한 것이었다. COECE는
1990년 멕시코 내 대기업들과 금융계 및 수출입 업체들을 중심으로
NAFTA 지지를 위해 결성되어 민간 부문의 로비를 지휘하는 역할을
전담했다. 멕시코 정부와 기업이 NAFTA 지지운동의 선두에 서 있었
던 것이다.

그러나 멕시코 로비가 극히 효과적이었고 이에 따라 의회 내
NAFTA 지지율이 상당히 상승했다는 주장[25]에는 의문의 여지가 많다.
SECOFI와 COECE는 막대한 자금을 지원하여 미국 의회와 행정부 내
에 우호적인 분위기를 조성하고 미-멕시코 간 경제협력 증진의 필요
성을 부각시키려 시도했고 이에 따라 NAFTA에 대한 우호적 분위기가
형성되었을 수는 있으나, 과연 외국정부와 외국 기업들에 의한 로비
가 실제 비준과정에서 얼마나 많은 의원들을 설득시켰는지는 회의적
이다. 더욱이 노조를 비롯한 반대세력들의 저항이 극히 격렬한 이슈에
있어서 멕시코의 적극적 로비가 부각되면서 오히려 역효과를 가져오

---

23 Center for Public Integrity, The Trading Game: Inside Lobbying for North American
    Trade Agreement, 1993, pp. 17-18.
24 *Ibid.*, Appendix, A, BI.
25 대표적인 것이 바로 공공 정의 센터(Center for Public Integrity)의 보고서이다. *Ibid.*

기도 했다.

반면에 NAFTA에 대한 국내지지세력들의 활동은 미미한 수준이었다. 통상 무역정책 결정과정에 활발히 참여하던 기업과 산업 부문별 이익집단들의 활동 역시 거의 눈에 띄지 않았다. 우선 비즈니스 라운드테이블(Business Roundtable)이나 ECAT(Emergency Committee for American Trade) 등과 같이 행정부의 무역정책을 강력히 후원해오던 초국적 기업들의 이익집단들은 NAFTA 비준과정에서 거의 영향력을 행사하려 들지 않았다. 또한 수출입 업체나 유통업계 등 전형적인 자유무역주의자들 역시 별다른 활동을 하지 않았다.

한 자료에 따르면, 미국의 500대 대기업(Fortune 500) 중 당시 멕시코에 상당 규모로 직접 투자를 하고 있던 기업은 112개 정도인데, 이 중 어떤 형태로든 NAFTA 지지운동에 가담한 기업은 37개에 불과했다.[26] 통상적으로 포괄적 무역정책 및 부문별 무역정책 결정과정에 적극적으로 개입하던 기업들 중 자동차 3사와 IBM, TRW 등은 NAFTA 지지집단의 활동에 참여했으나, Motorola, General Dynamics, Digital Equipment Corp, Raytheon 등 첨단 산업은 물론 Levi Strauss 등 의류업계나, Black and Decker, Sunbeam, Emerson, Bethlehem Steel, Westinghouse, Whirlpool 등의 제조업체들은 단 하나의 집단에도 가담하지 않았다.

NAFTA 지지 활동에 참여한 기업들의 경우도 마찬가지였다. 이들은 NAFTA 논의 초기에 NAFTA*USA라는 연합기구를 만들어 지지활동을 추진하기로 했으나, 실제 참여한 기업과 산업 부문별 집단들의 협력도 미미해서 NAFTA*USA는 명목상의 단체로 전락했다. 심지어

---

26   *Ibid.*, Appendix F.

의회 내에서 지지세력들의 결속을 이끌고 있던 마쓰이(Robert Matsui)가 심하게 불평할 정도로 이들의 활동은 미미했다.[27] 클린턴 행정부 역시 이들의 무관심에 불만스러워 했고, 결국에는 데일리(William M. Daley)를 NAFTA 짜르(czar)로 선임하여 행정부가 민간 부문의 지지를 동원하는 방안을 강구하게 되었다.

이와 같이 NAFTA의 최대 수혜자로 간주되던 기업들은 전반적으로 NAFTA에 큰 관심을 보이지도 않았고 비준을 위해 적극적으로 영향력을 행사하려 들지도 않았다. 이에 비추어 NAFTA에 대한 미국 기업들의 입장을 다음 셋 중 하나로 추정할 수 있다. 첫째, 초국적 기업들의 경우, NAFTA에 결부된 이해관계가 그리 크지 않다고 판단했을 수 있다. 즉, 멕시코 시장의 규모나 경제발전 수준을 감안할 때 멕시코와 무역 자유화나 경제 통합으로부터 얻을 수 있는 이익이 대단치 않다고 판단했을 수 있다. 둘째, 마찬가지로 기업들은 NAFTA를 적극적으로 지지하여 강행했을 때 따르는 비용(예컨대 노조 등 반대세력과의 대립)을 정당화할 정도로 NAFTA가 이익을 가져다주지 않는다고 판단했을 수 있다. 셋째, 특히 살리나스 이후 미-멕시코 간의 경제관계의 전개를 통해 볼 때 NAFTA가 없더라도 같은 수준의 무역 자유화가 이루어지리라고 판단했을 수 있다. 즉, 인위적인 NAFTA와 무관하게 양 국간의 무역자유화와 투자 자유화가 확대될 것으로 전망했을 수 있다. 미국 기업들의 NAFTA 지지활동은 예상 외로 미미했고, 이는 어떤 이유에서든지 미국 기업들이 NAFTA가 가져다 줄 이익이 적극적 활동을 보상할 만큼 크지 않다고 판단했기 때문이라고 추정할 수 있다.

---

27 Bruce Stokes, "A Hard Sell," *National Journal,* October 16, 1993, pp. 2473-2476.

III. 클린턴 행정부의 역할과 목적

이와 같이 NAFTA에 대한 사회 내 지지가 미약했음에도 불구하고 NAFTA가 비준될 수 있었던 것은 클린턴 행정부의 집요한 추진과 정치적 전략 때문이었다. 비준과정의 마지막 두 달간 클린턴 행정부는 총력을 기울여 대의회 로비를 벌였고, NAFTA 짜르를 통해 사회집단들을 동원하려 했다. 마지막 순간에는 비준을 위한 결정적 표들을 구하기 위해 많은 양보(side payments)까지 감수했다.

클린턴 자신이 지니고 있었던 NAFTA에 대한 견해는 그리 견고하지 않았던 것으로 보인다. 1992년 대통령 예비선거 당시 클린턴은 소위 신 민주당을 표방했다. 1988년 선거에서 참패한 듀카키스(Michael Dukakis)와 같이 경제적 이슈와 사회적 이슈들에 있어서 전형적인 북동부 자유주의 입장이 아니라 보수적 민주당원들과 중산층의 지지를 획득하기 위해 중도 보수의 노선을 선택했던 것이다. 무역 이슈에 있어서도 클린턴은 자유무역에 대한 확고한 지지를 표명하며 노조 등 보호주의 세력의 영향을 받고 있던 다른 후보들과의 차별성을 보이려 했다. 그러나 실제 민주당의 핵심적 지지축인 노동이 강력히 저항하고 있던 NAFTA에 대해 그는 유보적 태도를 취했다.[28] 북미 대륙의 경제 통합이라는 아이디어에는 찬성하지만 당시 부시 대통령이 이루어 놓은 형태의 NAFTA는 문제가 많다는 것이 그의 입장이었다. 따라서 그는 선거에서 승리할 경우 여러 가지 문제점들을 시정하기 위한 보완협상을 하겠다고 공약했다. 여기에는 NAFTA 반대세력이 제기해 온 멕

---

28 Daniel J. Palazzolo and Bill Swinford, ""Remember in November?": Ross Perot, Presidential Power, and the NAFTA," a paper presented at the annual meeting of the American Political Science Association, 1994, pp. 3-5.

시코의 저임문제, 환경문제, 수입피해구호의 문제 등이 핵심을 이루고
있었다.

1993년 초 클린턴 행정부는 멕시코와 보완협상을 타결했다. 그러
나 이 협상에서 거둔 성과는 이미 예측되었던 대로 미미한 것이었다.
몇몇 산업 부문과 지역에 대한 배려 성격의 양보를 얻어 냈을 뿐, 관건
이던 노동과 환경 이슈에 있어서는 원론적인 처방을 이끌어 냈을 뿐이
었다.[29] 멕시코의 경우, 이 부분에 있어 더 이상의 양보는 NAFTA의 효
과를 상쇄하는 것으로 간주했으며, 의회 내의 핵심 지지세력인 공화당
의원들 역시 이런 식의 수정이 가해질 경우 NAFTA에 대한 지지를 철
회하겠다고 위협했다.[30]

이러한 상황에서 클린턴 행정부는 한때 NAFTA 포기를 검토하기
도 했다. 우선 비준의 가능성 자체가 희박했다. 더욱이 정치적으로 판
단할 때, 설사 비준된다 하더라도 노조라는 민주당 최대의 지지세력을
소외시킬 염려가 컸다. 따라서 보완협상의 불충분성을 빌미로 '명예롭
게 퇴진'하면서 그 책임을 전임 부시와 멕시코로 전가해야 한다는 견
해가 클린턴 참모진의 지배적 의견이었다.[31] 그럼에도 불구하고 클린
턴은 비준 두 달을 남기고 총력전을 벌여 역전시키는 길을 선택했다.

당시 NAFTA 비준을 둘러싼 정치적 대립은 다음과 같은 구도로
형성되었다. 우선 전체적인 여론은 NAFTA에 대한 지배적인 견해, 즉
NAFTA가 미국 경제에 전반적으로는 도움이 될 것이지만 임금과 고용
에는 악영향을 미칠 것이라는 견해를 따르고 있었다. NAFTA 비준을
앞두고 수행된 조사들에 의하면,[32] 미국 국민들의 절반 정도는 NAFTA

29 *Ibid.*, p. 8.
30 *Ibid.*
31 *Washington Post*, November 16, 1993; *New York Times*, November 18, 1993.

로 인해 고용이 감소될 것으로 생각했고, 반면에 3분의 1 정도가 고용 증대 효과가 있을 것으로 예상하고 있었다. 또 대다수가 NAFTA로 인해 미국기업들이 멕시코로 이전할 것으로 예상했고(60%:33%), 따라서 임금수준이 하락할 것으로 보고 있었다(58%:32%). 그러나 전반적으로 미국민들은 NAFTA가 미국 국익에는 도움이 될 것으로 기대했다. 예컨대 NAFTA에 의해 멕시코에 대한 수출이 증진되고(68%:24%), 미국-멕시코-캐나다 간의 우호관계가 강화될 것으로 예상했다(68%:23%). NAFTA의 핵심 이슈로 국익 대 집단 이익, 경제 전반적 이익 대 일자리와 임금문제라는 대결구도가 단순히 노조와 기업, 행정부 수준을 넘어 미국민 전체 여론에도 형성되어 있었던 것이다. 그 결과, 노조의 반대논리가 여론의 지지를 얻을 기반이 마련되어 NAFTA 비준에 대한 광범위한 반대여론이 형성되었다(45%:33%).

하원 내의 지지세력과 반대세력은 이와 같은 여론의 직접적 영향 하에 복잡한 구도로 형성되었다. 우선 NAFTA에 대한 가장 강력한 지지는 공화당 의원들에 의해 제공되었고, 당파성이 강한 깅리치(Newt Gingrich)에 의해 결속되어 있었다. 이들은 NAFTA가 이미 부시 행정부 당시 추진된 것이며 공화당의 자유무역주의를 상징하는 것이므로 상당히 견고한 지지를 보내고 있었다. 대통령의 최우선 정책에 대한 지지의 핵심이 그간 대통령의 정책을 가로막아 왔던 반대당에 의해 형성되어 있었던 것이다.

그러나 공화당의 지지가 당파적 이해와 무관하게 정책상의 목표라든가 전임 대통령 부시에 대한 충성심에 의해서만 이루어졌던 것은 아니다. 우선 공화당 지도부는 선거에 대한 의식과 정당경쟁의 논리로

---

32   WP-ABC polls, 1993.

부터 완전히 자유로울 수 없었다. 만일 공화당이 전폭적으로 NAFTA
를 지지할 경우, 그 결과에 대한 책임(예컨대 일자리의 수출이라든가 임
금 수준의 하락 등)을 공화당 혼자 떠맡을 수밖에 없을 것이다. 나아가
NAFTA 비준에 있어서 클린턴이 전적으로 공화당에 의존하고 민주당
의원들을 비교적 자유롭게 방임하게 되면, 정치적으로 공화당이 큰 손
해를 입을 가능성도 있었다. 유권자 전체 여론, 특히 민주당 지지자들
의 대체적 여론이 NAFTA에 대해 부정적임을 감안할 때 민주당 의원
들 중 취약한 지역구 출신 의원들은 NAFTA에 반대표를 던질 것이고,
그 결과 다음 선거에서 보다 많은 표를 획득할 수도 있을 것이기 때문
이다.[33] 둘째, 소위 '페로 요인'(Perot factor)이 작용하게 되면서 다수
의 공화당 의원들의 입장이 흔들리게 되었다. 1992년 대통령 선거에
서 일정한 지지기반을 확보했던 로스 페로가 반NAFTA 운동을 적극
전개하기 시작하자 페로 지지자들이 많았던 지역구 출신 의원들 중 일
부가 NAFTA에 대한 지지를 유보하기 시작했던 것이다.[34]

클린턴 자신의 정당인 민주당 내의 상황은 비관적이었다. 클린턴
의 호소에도 불구하고 민주당 의원들 대다수는 자신이 대표하는 국지
적 이익에 따라 행동하고 있었다. 즉, NAFTA에 의해 피해를 입을 것
으로 예상되는 기초제조업 부문의 산업들이 집중된 북동부와 중서부
및 도심지역 출신 민주당 의원들은 대부분 NAFTA에 반대했는데, 이
들의 수는 민주당 전체 의원 수의 3분의 2에 육박했다. 심지어 민주당
원내 총무진까지도 반NAFTA운동에 가담하고 있었다. 이 중 가장 강

---

33 David S. Cloud, "Decisive Votes Brings Down Trade Walls With Mexico," *Congres-sional Quarterly Weekly Reports,* November 20, 1993, pp. 3178-3179.

34 Jon Healey and Thomas H. Moore, "Clinton Forms New Coalition To Win NAFTA's Approval," *Congressional Quarterly Weekly Reports,* November 20, 1993, pp. 3183; Stokes, "A Hard Sell," pp. 2473-2474.

력한 반대는 물론 노조의 영향력이 강한 지역구 의원들에 의해 추진되
고 있었다. 앞에서 논의한 바와 같이 NAFTA에 대한 노동의 반대가 대
단히 강력했기 때문에, 지지 기반이나 선거 운동에 있어서 노동에 의
존적인 민주당 의원들이 NAFTA를 지지하지 못한 것은 물론이고, 비
교적 덜 의존적인 의원들 역시 큰 위험 부담을 안고 있었다.[35] 결국 하
원 의장 폴리는 민주당 지도부가 NAFTA에 대해 공식적으로 특정 입
장을 지지하지 않을 것이며 의원 각자의 견해와 지역적 이해에 따라
표결하도록 하겠다고 선언했다.

이러한 압력에서 비교적 자유로운 민주당 의원들로부터 NAFTA
에 대한 지지가 형성되어 있었다. 이들 중 일부는 소위 친기업 민주당
원(business Democrats)으로 이데올로기상 자유무역을 선호했고, 일
부는 NAFTA의 직접적 혜택이 큰 서부 및 남부 주 출신들이었으며, 또
일부는 자기 당 대통령에 대한 충성과 지지에서 NAFTA에 찬성했다.[36]
그러나 이들의 수는 전체 민주당 의원 수의 3분의 1을 넘지 못했고, 공
화당 지지세력과 합해도 과반수 218표에 미달하였다. 따라서 NAFTA
가 하원에서 비준되기 위해서는 첫째, 민주당 내의 지지표(70-80)를
확고히 결속시키고, 둘째, 공화당 내의 지지기반(120-130)이 정치적
원인으로 흔들리는 것을 막으며, 셋째, 과반수 획득에 필요한 20-30여
표를 적극적으로 확보해야 했다.

이를 위해 클린턴 행정부는 NAFTA 비준을 최우선 과제로 삼고
여러 가지 전략과 수단들을 동원했다. 예컨대 유동적 입장을 지닌 100
여 명의 의원들을 백악관으로 초청하거나 하루 두세 차례 대통령이 전

---

35   Stokes, "A Hard Sell," pp. 2475-2476.

36   Healey and Moore, "Clinton Forms New Coalition To Win NAFTA's Approval,"
     p. 3181.

화를 걸고, 중소기업가들을 비롯하여 NAFTA로부터 혜택을 받는 집단
들을 동원하여 의원들에게 압력을 가하는 등, 고전적인 대 의회 로비
를 집중적으로 전개했다.[37] 특히 다음과 같은 전략과 활동들은 당시 행
정부가 처해 있던 상황을 여실히 보여 준다.

첫째, 클린턴은 공화당의 지지를 묶어 두기 위해 NAFTA를 지지
한 공화당 의원들이 다가오는 중간선거에서 공격받지 않도록 보장하
겠다는 이례적인 선언을 했다. 이는 깅리치의 정치적 계산에서 나온 요
구를 받아들인 결과였다.[38] 대통령이 자신의 정책을 관철하기 위해 반
대당 의원에 대한 지지를 공식적으로 약속하는 것은 흔치 않은 일로,
이는 당시 NAFTA 지지세력의 성격과 클린턴이 처한 상황을 잘 드러
내 준다.[39] 즉 NAFTA 지지 연합은 전통적인 민주당 연합도 아니었고,
1992년 대통령 선거에서 클린턴을 지지했던 정치 세력도 아니었던 것
이다. 따라서 클린턴으로서는 NAFTA 비준을 관철시키기 위해 전통
적인 민주당 연합의 요구에 반대하면서 상대 공화당 연합에 의지할 수
밖에 없는 상황에 놓이게 되었다. 물론 이로 인해 클린턴의 정책 연합
이 확대될 수 있다면 큰 문제가 없겠으나, 자신의 지지기반 중 대부분
이 적극적 반대세력을 형성하고 있는 상황에서 이는 커다란 정치적 위
험 부담을 수반하는 것이었다.[40] 클린턴은 이러한 위험부담을 무릅쓰고
NAFTA 관철을 위해 공화당 의원들에 대한 지지를 약속했던 것이다.

---

37 Palazzolo and Swinford, ""Remember in November?": Ross Perot, Presidential
    Power, and the NAFTA," pp. 13-14.

38 *Wall Street Journal,* November 15, 1993.

39 Palazzolo and Swinford, ""Remember in November?": Ross Perot, Presidential
    Power, and the NAFTA," pp. 16-17.

40 Healey and Moore, "Clinton Forms New Coalition To Win NAFTA's Approval,"
    p. 3183.

결과적으로 공화당은 NAFTA 지지표의 대부분을 제공했다. 그러나 노조를 비롯한 민주당 진보세력들은 클린턴의 공화당지지 약속을 신랄히 비판했고, 일부는 제3당 창당을 공개적으로 제안하기까지 했다.[41]

둘째, NAFTA에 대한 반대운동이 확산되고 그 강도가 높아지자 클린턴 행정부는 NAFTA 이슈 자체를 '재규정'함으로써 NAFTA의 불가피성을 강조하려 했다. 애초에 NAFTA를 추구하는 목적으로 부시 행정부와 클린턴 행정부가 내세웠던 것은 미국 경제 전체에 대한 긍정적 효과, 즉 수출 증진이라든가 경제성장 효과 등이었다. 그러나 이러한 혜택이 결국 기업들에게만 돌아가고 노동이 희생될 것이라는 여론이 폭넓게 확산되고, 그 결과 NAFTA 반대운동이 명분과 힘을 얻게 되었다고 클린턴 행정부는 판단했다. 따라서 노조 등의 반대를 이기적인 집단이익으로 만듦으로써 반대의 명분을 제거할 수 있는 새로운 명분을 NAFTA에 부여하는 것이 필요했다. NAFTA 자체를 사회집단들이 도전할 수 없는 이슈 영역으로 재규정하려 한 것이다.

이러한 시도로 클린턴 행정부는 마지막 한 달여 동안 '안보 카드'와 '일본 카드' 그리고 '국제체계 카드' 등을 적극적으로 동원했다.[42] 즉 NAFTA가 부결될 경우, 이웃 멕시코가 정치적·경제적으로 불안정하게 됨으로써 미국의 안보에 직·간접적인 위협이 될 수 있고, 또 멕시코가 일본 등 미국의 경제적 경쟁국들과 대안적인 자유무역 협정을 체결함으로써 미국에 대한 경제적 위협이 가중될 수 있으며, 나아가 스무트-홀리식 보호주의와 대공황의 참사가 되풀이될 수도 있다는 점

---

41   Stokes, "A Hard Sell," pp. 2475-2476.

42   H. Richard Friman, "Selling NAFTA: Security Cards, Side Payments, and Domestic Bargaining in the Aftermath of the Cold War," a paper presented at the annual meeting of the American Political Science Association, 1994, pp. 16-19.

을 집중적으로 조명하기 시작했던 것이다. 또 NAFTA가 단순히 미국 기업과 경제 전체의 단기적 이익의 문제가 아니라 변화하는 탈냉전 시대를 맞아 미국이 새롭게 변모할 수 있는지 여부를 재는 척도라고 주장하기도 했다. NAFTA가 실패할 경우 APEC이나 UR도 성공할 수 없으며, 이같이 변화하는 세계에 적응하지 못한 미국은 경제적·정치적으로 뒤처질 수밖에 없다는 것이다.[43]

그러나 이와 같이 이슈를 재규정함으로써 사회집단들의 도전을 약화시키고 국가의 대내적 힘과 자율성을 강화시키는 전략은 NAFTA 비준의 경우 성공적이지는 못했다. 이미 오랜 기간 NAFTA의 성격을 수출 증진과 경제 성장 등의 단기적 경제이익의 차원에서 규정해 왔고 이에 따라 강력한 반대세력이 조직화되었기 때문이다.

마지막으로, NAFTA 비준에 가장 효과적이었던 것으로 평가되는 전략은 소위 '이면 거래'(side deal)에 의해 지지표를 '사는' 것이었다. 비준에 필요한 20~30표의 부동표를 확보하기 위해 의원들에게 반대급부로 특정한 혜택을 제공하는 '떡고물 나누기' 식의 고전적 방법을 사용했던 것이다.[44] 표결을 채 2주일도 남겨 놓지 않은 11월 3일 USTR 캔터(Micky Kantor)는 오렌지, 설탕, 토마토, 피넛버터 및 쇠고기 등 농업 부문에서 멕시코 정부가 새롭게 큰 양보를 했다고 발표했다. 예컨대 오렌지의 경우 NAFTA 원안은 멕시코로부터의 수입에 대한 관세를 향후 15년간 철폐하는 것으로 되어 있었는데, 새 협상에 따르면 멕시코로부터의 수입이 증가하고 미국 내 가격이 하락할 경우 수입 추가분에 대해 고관세가 부과되도록 했다. 이는 멕시코와 경쟁에 놓일 것

---

43 *Ibid.*, pp. 16-19.

44 Palazzolo and Swinford, ""Remember in November?": Ross Perot, Presidential Power, and the NAFTA," pp. 15-16.

으로 우려하던 오렌지 재배농들에 대한 혜택이었으며, 이들이 집중되어 있는 플로리다와 캘리포니아 지역에 대한 배려였다. 이러한 '이면 거래'에 의해 클린턴 행정부는 캘리포니아, 플로리다, 텍사스, 오클라호마 주 출신 의원들의 표를 확보할 수 있었고, 이 표들이 결국 '결정표'(casting vote)의 역할을 했다.[46]

IV. NAFTA의 주체와 목적에 대한 재해석

지금까지의 분석에 따르면, NAFTA에 대한 사회집단들, 특히 노조의 반대는 강력했던 반면 이에 대한 지지세력, 즉 기업들은 비교가 안 될 정도로 소극적이었다. 이러한 구도 속에서 NAFTA가 성공적으로 비준될 수 있었던 것은 거의 전적으로 클린턴 행정부의 적극적인 전략 때문이었다고 평가할 수 있다. 그렇다면 왜 기업들은 '경제적 혜택'이 막대할 것으로 예측되는 이 이슈에 소극적으로 대응했으며, 이런 상황에서 왜 클린턴 행정부는 NAFTA의 비준에 집착했을까?

기업들이 NAFTA라는 '막대한 물질적 이익이 결부된 이슈'의 결정과정에 소극적으로 대응한 이유는 결국 NAFTA 비준 자체에 '막대한 이익이 결부되지 않았다고 판단'했기 때문인 것으로 보인다. 앞에서 논의한 바와 같이, 자본의 이동성 증진이나 시장 확대 등의 목적으로 기업들이 NAFTA를 추진했다고 보는 시각은 경제적 측면에서도 문제점을 지니고 있다. 주지하듯이 미국의 노동집약적 산업들은 이미

45   David S. Cloud, "Decisive Votes Brings Down Trade Walls With Mexico," *Congressional Quarterly Weekly Reports,* November 20, 1993, pp. 3174-80.

46   Friman, "Selling NAFTA," pp. 19-21.

마킬라도라에 상당한 수준으로 진출해 있었고, CBI(Caribbean Basin Initiative) 등을 통해 중미 지역에도 대규모로 이전해 있었다. 더욱이 값싼 노동력을 필요로 하는 산업 부문은 대체로 소규모 자본들로 구성되어 있었고, 이들은 미국 내에서 사양산업들로, 그 정치적 영향력도 기울고 있었다. 또 초국적 기업의 주류를 이루는 첨단 산업 부문의 경우에는 저임 노동을 확보하기 위해 멕시코로 이전할 유인이 거의 없었다고 평가된다.

그렇다고 미국 기업들이 멕시코와 자유무역 확대에 따른 이익을 무시했다거나, 혹은 그러한 이익이 존재하지 않았다는 것은 아니다. 자동차 등의 제조업 부문이나 금융, 보험 등의 부문은 NAFTA의 즉각적 수혜자로 평가되었고, 또한 NAFTA로 인해 자본의 이동이 용이해짐에 따라 미국 내 실질임금수준 하락을 유도하는 효과도 인정되었다. 그러나 이러한 효과들은 단기적·가시적인 것이 아니었고, 또 당시의 미-멕시코 경제관계로 보아 NAFTA 없이도 상당 수준 달성될 수 있는 것이었다. 따라서 기업들로서는 값비싼 대가를 치르면서 NAFTA 비준의 정치과정에 적극 참여할 유인이 없다고 결정했을 것이다.

이렇게 볼 때, NAFTA는 행정부에 의해 주도되고 행정부에 의해 성공한 정책으로 간주하여야 한다. 그렇다면 클린턴 행정부는 어떤 목적 혹은 필요성에서 NAFTA의 성공에 총력을 기울였을까? 부시 행정부가 처음 NAFTA의 가능성을 받아들였을 당시에는 물론 미국의 포괄적 무역정책의 일환에서 고려되었을 것이다. 즉, EC 및 동아시아 국가들과 진행 중인 통상협상에서 지렛대로 사용될 수 있다든가, 북미와 중남미의 지역화라는 대안을 마련해 둘 수 있다는 점 등 여러 가지 부수적 혹은 장기적 효과들이 중요한 고려사항이었을 것이다. 그러나 NAFTA에 대한 사회 내 지지가 미약한 상황에서, 그리고 강력한 반대세력이 정치화된 상황에서 클린턴 행정부가 무모할 정도의 수단을 동원하며 NAFTA 비준을 추진했던 데에는 다른 요인들이 작용한 것으로 보인다.

우선, 정치과정 속에서 순전히 정치적인 '동학'이 작용한 것으로 해석할 수 있다. 어떤 목적에서 시작되었건, 초기에는 이를 추구하려는 의지가 그렇게 강력하지 않았으나, 정책 결정과정의 대결구도 속에서 도저히 후퇴할 수 없는 상황이 초래되어 많은 대가에도 불구하고 NAFTA 비준을 끝까지 추구했을 가능성이 있는 것이다. 만일 그와 같이 자원과 시간과 노력을 투입했음에도 불구하고 실패할 경우, 이후의 다른 정책들에 대해서도 다수의 지지를 확보하기 어렵게 되고 대통령의 통치력과 힘에 중대한 상처가 되기 때문이다.[47] 이와 더불어 클린턴 행정부가 원내 다수를 점하고 있음에도 불구하고 NAFTA 비준에 실패한다면, 뒤따를 UR 협상과 APEC 논의에서도 성공적인 결과를 거둘 수 없게 될 것이라는 우려 역시 클린턴 행정부로 하여금 NAFTA 비준에 집착하게 만든 요인이라고 볼 수 있다.

그러나 정치 동학적 설명이나 음모론 등을 차치한다면, 앞에서 논의한 지역주의적 경향과 외교정책상 목적에 주목하지 않을 수 없다. NAFTA의 비준에 의해 멕시코의 개혁이 제도화되고 멕시코가 정치·경제적으로 안정화될 것이란 외교정책 목표는 NAFTA 논의의 초기부터 이미 고려되었다. 그러나 NAFTA 비준이 결정될 시기가 다가오면서, NAFTA가 부결될 경우의 역효과에 대한 우려가 보다 중대한 문제점으로 떠오르게 되었다. 멕시코의 경제 개혁은 거의 전적으로 NAFTA에 그 성패 여부가 결부되었으므로, 만일 미국 의회가 NAFTA

---

47 미국 대통령제의 이러한 문제에 대해 선구적인 시각을 제공한 것으로 Richard Neustadt, *Presidential Power*, Wiley, 1960 참조.

를 비준하지 않을 경우 멕시코 및 중남미 제국이 정치·경제적으로 극심한 불안정 상태에 빠질 수 있다는 우려가 대두되었던 것이다.

이같은 소극적 목적 외에, NAFTA에 의한 성공적 북미통합이 결국 중남미 대부분의 국가들을 포함하는 범미주적 통합과정으로 이어질 수 있고, 이 지역에서 미국의 영향력이 보다 확대되고 안정적이 될 수 있다는 적극적 목적 역시 진지하게 검토된 것으로 보인다. '범미주구상'(Enterprise for Americas Initiative)이 클린턴 행정부에 의해 명목적 구호를 탈피하여 진지한 대안의 하나가 되었던 것이다. 클린턴 행정부가 큰 비중을 두었던 무역정책에 대한 포괄적 구상이 수립된 시점부터 총력을 기울여 NAFTA를 비준시키려 했던 점 역시 이러한 해석을 가능하게 한다.

20세기 초 영국의 경험에서 드러나듯이, 쇠퇴기에 들어선 패권국은 최소한 한 지역 내에서의 패권이라도 보존하려는 성향을 띠게 되고 이러한 정책이 심각한 대안으로 등장하게 된다. 패권국의 대외정책 전체가 지역주의화될지 혹은 지체 현상이 지속될지 여부는 아마 국제체제의 변화와 국내 정치 갈등의 결과에 의해 좌우될 것이다. 그러나 영국의 제국우대체제(Imperial Preference System)라는 블록화 시도에서 볼 수 있듯이, 지역주의는 한 가지 중요한 대안으로 대두될 수 있다. 패권의 급속한 쇠퇴를 겪고 있는 미국에 있어서도 지역화라는 대안이 행정부에 의해 검토되기 시작했던 것으로 보인다. 이는 NAFTA 비준 직후부터 NAFTA를 확대하는 문제가 거론되기 시작했던 점이라든가, APEC에 대한 클린턴 행정부의 지대한 관심을 기울였던 점 등에서도 드러난다.

물론 미국이 곧 지역주의로 들어선다고 주장하는 것은 아니다. 미국 대외 경제정책의 중심은 아직도 다자주의와 자유주의에 있고, 세

계 경제에 대한 의존도나 경제구조적 요인들을 감안할 때 이러한 경향
이 쉽게 바뀔 수는 없을 것이다. 그러나 지역주의가 한 가지 대안으로
분명히 존재하게 되었고, 이 대안의 전면적 추구가 전혀 불가능하지는
않다고 보아야 한다. 그 여부는 경제적 쇠퇴의 정도와 국내 정치변동
에 의해 결정될 것이다. 요컨대 '세계화' 속에서 패권의 쇠퇴라는 특수
한 경험을 하고 있는 미국에 있어 NAFTA가 지니는 가장 큰 의미는 지
역주의라는 한 가지 대안이 대두되었다는 데 있다.

제5장

전망: 미국 무역정책의 진로

1995년 WTO의 창설은 보다 심화된 세계 자유무역질서의 수립을 기약하는 것으로 여겨졌다. 2014년 현재 160개국이 회원국이 됨으로써 그 폭에 있어서 명실상부한 '자유무역의 세계화'가 이루어지고, 획기적인 시장 접근(market access) 협약을 이루어 질적으로도 '자유무역의 심화'를 달성하며, GATT가 제대로 다루지 못했던 분쟁해결 기제와 서비스, 농산물 교역 등 새로운 영역의 자유화를 이끌어 낼 것으로 기대되었던 것이다. 그러나 20년이 지난 현재, 이러한 예상은 전혀 실현되지 않았고, 오히려 WTO 무용론이나 WTO 2.0의 필요성이 제기되고 있는 형편이다.[1] 도하 라운드(Doha Round: DDA)는 시작부터 교착상태에 빠지다가, 이제 다자 협상의 타결에 대한 기대가 거의 사라지고 주요 의제들 자체가 협상의 대상에서 제외되었을 정도이다.[2]

---

1   Richard Baldwin, "Multilateralizing 21st Century Regionalism," a paper presented at OECD Global Forum on Trade, "Reconciling Regionalism and Multilateralism in a Post-Bali World," Paris, Feb. 11-12, 2014.

이처럼 다자적 접근이 지지부진한 가운데 세계 무역질서에는 여러 가지 대안들이 급속히 확산되었다. 우선 1990년대 이후 각국들 간에 수많은 특혜무역협정(preferential trade arrangement: PTA)들이 체결되었다. 2010년 현재 약 400개의 PTA가 존재하는데, 이 중 90퍼센트 정도가 다양한 형태의 자유무역협정(free trade agreement: FTA)들이며, 관세동맹(customs union)들이나 양자투자협정(bilateral investment treaty: BIT)들도 급증했다. 세계 무역질서에서 PTA가 급증한 것은 바이너(J. Viner) 식의 '무역 전환 효과'(trade diverting effects)에 대한 우려를 다시 불러일으킨 것만이 아니다. 일찍이 바그와티가 지적했듯이,[3] 너무도 많은 상이한 PTA들로 인해 오히려 무역 비용이 증가하는 '비빔국수 효과'(spaghetti bowl effects)마저 초래되고 있다. 더욱이 세계 무역질서의 관점에서 보면, 수많은 PTA들 간의 차이를 궁극적으로 조정하는 과제가 거의 불가능에 가깝게 되고 있다. 이와 동시에 지역주의적 접근들도 확산 일로에 있다. FTAA(Free Trade Area of Americas), FTAAP(Free Trade Area of the Asia Pacific), TPP(Trans Pacific Partnership), RCEP(Regional Comprehensive Economic Partnership), TTIP(Trans-Atlantic Trade and Investment Partnership) 등 다수의 지역주의적·거대지역주의(mega-regionalism)적 경제협력체들이 구상에서 협상과 현실화의 각 단계에 있다.

이와 같은 양자적·지역주의적·거대지역주의적 접근들의 확산이 역외에 대해 차별적 효과를 가져올지, 궁극적으로 다양한 PTA들과 지

---

2   Susan C. Schwab, "After Doha: Why the Negotiations Are Doomed and What We Should Do About It," *Foreign Affairs,* 92: 3(2011), p. 105.

3   Jagdish Baghwati and Arvind Panagariya, eds., *The Economics of Preferential Trade Agreements,* American Enterprise Institute, 1996.

역주의들이 조정되어 세계 무역질서 전체의 자유화로 확산될지는 아직 불분명하다.[4] 확실한 것은, 이차대전 이래 세계 무역질서가 진화해 온 경로에서 상당히 이탈하고 있다는 점이다. 주지하듯이 GATT로부터 WTO 창설까지 60년간 세계 무역질서는 몇 차례의 다자주의적 협상들에 의해 단계적으로 자유화되어 왔다. 이 경험을 통해 볼 때, 다자주의가 장기간 교착상태에 빠져 들고 서로 다른 수많은 양자, 지역, 거대지역주의가 난무하고 있는 현재의 세계 무역질서는 '혼란된' 상태에 있는 것이다.

I. 미국 무역정책의 동요

이 같은 혼란을 초래했든 혹은 이를 반영했든, 지난 20년간 미국 무역정책 역시 기존 궤도에서 이탈한, 혼란한 상태이다. 이차대전 이래 미국은 세계 자유무역질서를 수립, 유지, 진화시키는 데 주도적 역할을 해 왔고, 미국 무역정책의 기조는 다자주의에 의한 자유무역의 확대로 규정된다. 물론 1950년대 중반부터 자유무역정책을 견지하기 위해 일부 산업들에 대해 부문별로 보호주의 혜택을 분배해 주기도 하고,[5] 1980년대 후반에는 미-캐나다 자유무역협정(Canada-US Free Trade

---

4 　예컨대 C. Fred, Bergsten, "A Renaissance for US Trade Policy?" *Foreign Affairs*, 81: 6(2002), pp. 86–98; C. Fred, Bergsten, "Competitive Liberalization and Global Free Trade: A Vision for the Early 21st Century," Institute for International Economics, Working Paper No. 96-15, 1996; Richard H. Steinberg, "Great Power Management of World Trading System: A Transatlantic Strategy for Liberal Multilateralism," *Law and Policy in International Business,* 29(1998), pp. 205–256; Vinod K. Aggarwal, "Look West: The Evolution of US Trade Policy Toward Asia," *Globalizations,* 7: 4(2010), pp. 455–473.

Agreement: CUFTA)과 같은 지역주의적 시도도 있었으나, 무역정책에 관한 한 다자주의와 자유주의에 대한 미국의 신봉이 굳건했다고 평가 된다.[6]

　　다자주의로부터 미국 무역정책이 이탈하고 있다는 징후는 클린턴 행정부 시기부터 발견되었다. 집권 초기 클린턴 행정부는 WTO의 성 공적인 출범과 NAFTA의 체결, 비준이라는 두 가지 획기적인 업적을 이루었다. 물론 이전 행정부들로부터 물려받은 것이기는 하지만, 반세 기 만에 세계 무역질서를 새롭게 규정하는 다자질서를 열었고, EU에 필적하는 북미 경제통합의 문을 열었던 것이다. 그러나 이 업적들은 역설적으로 국내 보호주의 세력을 결집시키는 계기가 되었다. 특히 미 의회의 NAFTA 비준과정에서는 민주당 의원 상당수가 대통령과 당 지 도부의 설득에도 불구하고 반대표를 던졌다. 무엇보다도 노동과 환경 단체들의 정치적 압력 때문이었다.[7] 뒤에서 상술하겠지만, 이후 무역 정책 영역에 있어서 미국의 국내 정치는 두 가지 변화를 겪게 되었다. 하나는 자유무역에 대한 전반적인 초당적 합의(bipartisan consensus) 가 붕괴되고 민주당이 반(反)자유주의적 색채를 강하게 띠게 되었다 는 점이다. 이는 다시 무역정책과 무역 협상에 대해 의회가 더욱 개입 적(assertive)으로 새로운 이슈와 새로운 이해관계를 제기하도록 만들 었다.[8] 미 의회는 우루과이 라운드 법안을 통과시키면서 클린턴 행정 부에 대해 신속처리권(fast track authority)의 부여를 거부했으며, 임

5　　Aggarwal, *Liberal Protectionism.*

6　　Aggarwal, "Look West," pp. 461-463.

7　　백창재, 「북미 자유무역협정 비준의 정치과정에 관한 연구」, 서울대학교 지역종합연구 소, 『지역연구』, 5: 2(1996), pp. 43-68: pp. 53-62.

8　　I. M. Destler, *American Trade Politics,* 4th ed., Institute for International Econom- ics, 2005, pp. 253-278.

기 말까지 신속처리권은 부여되지 않았다.

이러한 정치적 상황에서 클린턴 행정부는 WTO 수준에서 새로운 다자협상을 주도적으로 추진할 여지가 없었다. 따라서 양자적 혹은 지역적 무역 자유화를 시도했는데, 이 또한 구상 수준에 머무르거나 의미 있는 결과를 가져오지는 못했다. 우선, 클린턴 행정부는 APEC을 통한 지역주의적 접근을 시도했다. 1994년 11월 APEC 정상회담에서 2010년을 전후한 자유무역투자지역의 결성을 제안했고, 한 달 후에는 미주 정상회담에서 33개 서반구 국가들 간의 FTAA를 2005년까지 결성하자고 제안했다. 그러나 이러한 야심적 기획은 애초에 실현 가능성이 작았을 뿐 아니라, 신속처리권이 없는 상태에서 의미 있는 협상이 추진될 것으로 기대되지도 았았다. 임기 말에 이르러 클린턴 행정부는 논쟁의 여지가 별로 없던 요르단과의 FTA를 체결했고, 싱가포르와의 FTA 협상을 개시했을 뿐이다.

다자주의적 기획이 힘든 상황에서 클린턴 행정부가 시도했던 또 다른 접근은 부문별 자유화 정책(open sectoralism)이었다. 1997년 클린턴 행정부는 APEC 국가들 간에 정보통신산업 분야의 관세 철폐를 위한 ITA(Information Technology Agreement)를 체결했는데, 당시 경제 보좌관이던 타이슨(Laura Tyson)은 이를 자유무역을 위한 '새로운 모델'이라고 극찬했고 USTR 바셰프스키(Charlene Barshefsky)는 ITA II로 확대하겠다고 천명했다.[9] 전 산업 부문에 대한 다자적 자유화가 어려운 경우 자유화가 용이한 산업 부문별로 자유화를 추구하는 것이 보다 현실적이고 효율적이라는 것이다. 이후 미국은 APEC 내에서 부문별 자유화 정책을 통한 개방화를 시도하여, 15개 산업 부문을 묶

---

9   Vinod K. Aggarwal and John Ravenhill, "Undermining the WTO: the Case against 'Open Sectoralism,'" East-West Center, *Asia Pacific Issues*, 50(2001), p. 3.

어 개방화를 위한 협상을 제안했다. 그러나 수산업과 임업 부문에 대한 일본의 강력한 반대에 부딪혀서 APEC은 협상 자체를 WTO로 이관했고, 이 이슈들은 WTO에서 묻혀 버렸다. 요컨대 새로운 대안으로 추진되었던 부문별 자유화는 별 성과를 거두지 못한 채 폐기되었다. ITA가 성공했던 것은 무엇보다 정보통신산업 부문이 다양한 상품들을 포괄하고 있어서 제조과정이 다양한 국가들에 분산되어 있는 데다가 많은 나라들이 이 부문 무역에 관련되어 있었기 때문이라고 분석된다. 이러한 특성이 없는 산업들의 경우, 보호주의 세력은 강력히 동원되지만, 혜택을 보는 제한된 지지세력만으로는 승리를 거두기 어렵기 때문에, 오히려 포괄적인 다자주의보다 성과를 거두기 힘든 것이다.[10]

　이와 같은 미국 무역정책의 공백기 동안 세계 무역질서에서 나타난 특징적인 현상이 PTA의 급증이다. 다자 협상의 교착 속에서 각국들이 양자적, 지역적 해결책을 강구해 나갔던 것이다. 더욱이 멕시코나 칠레 등 무역 의존적 발전정책으로 선회한 개도국들이 적극적으로 국내 경제개혁과 해외시장 개척을 추구하면서 경쟁적 자유화(competitive liberalization) 정책이 확산되고 있었다.[11] 새로 출범한 부시 행정부는 이러한 상황을 문제로 인식했다. 전 세계적인 PTA 경쟁에서 미국이 뒤처지고 있다는 위기감이 고조되었고, 세계 무역질서의 규칙 제정에 있어서 미국의 리더십을 확고히 해야 할 필요성이 제기되었다.[12] 신임 USTR 졸릭(Robert Zoellick)은 2001년 현재 전 세계에 130여 개의 PTA가 존재하며 서반구에만도 30개가 있는데 미국은 단지 2

10　*Ibid.*, pp. 4-5.

11　Bergsten, "Competitive Liberalization and Global Free Trade," pp. 1-3.

12　Simon J. Evenett and Michael Meier, "An Interim Assessment of the US Trade Policy of 'Competitive Liberalization," *The World Economy*, 31: 1(2008), pp. pp. 31-33.

개만 체결하고 있음을 지적하면서, 부시 행정부의 무역정책의 최우선 과제가 PTA에 있음을 천명했다.[13] 졸릭은 이를 벅스텐의 용어를 따라 '경쟁적 자유화' 정책이라고 명명했다.

경쟁적 자유화는 부시 행정부의 공식적이고 분명한 핵심 무역정책으로 추구되었다. 칠레 및 싱가포르와의 FTA를 마무리한 부시 행정부는 의회가 무역촉진권(trade promoting authority: TPA)을 부여한 2002년 호주, 모로코, 중앙아메리카, 도미니카, 바레인 등과 FTA를 체결했고, 2004년 이후 콜롬비아, 페루, 파나마, 한국과의 FTA를 체결했으며, 말레이시아, 태국, 남아프리카 관세동맹 및 아랍 에미레이트와의 FTA 협상을 개시했다. USTR이 제대로 감당하기 벅찰 만큼 많은 FTA를 동시다발적으로 추진한 것으로, '다자주의로부터의 이탈'로 평가할 만하다.[14]

부시 행정부의 경쟁적 자유화 정책은 주로 상대국들의 PTA 체결 제안에 대해 미국이 선택적으로 응하는 형태로 추진되었는데,[15] 이 선택의 기준은 경쟁적 자유화 정책의 목적 또는 궁극적 의도를 반영한다. 졸릭은 경쟁적 자유화 정책의 목적이 첫째, 미국 시장에 대한 접근을 위한 경쟁을 유발하여 상대국들의 시장 개방을 유도하고, 둘째, 상대국들이 미국식의 시장 친화적인 법규와 제도를 채택하도록 장려하며, 셋째, 미국 외교정책의 안보적 목적, 나아가 미국적 가치를 지지하도록 유도하는 데 있다고 밝힌 바 있다.[16] 요컨대 단순히 시장 확

13   Richard E. Feinberg, "The Political Economy of United States' Free Trade Arrangements," *The World Economy*, 26: 7(2003), pp. 1019-1020.

14   *Ibid.*, pp. 1037-1039.

15   Jeffrey Shott, "Assessing US FTA Policy," in Jeffrey Schott, ed., *Free Trade Agreements: US Strategies and Priorities,* Peterson Institute, 2004, pp. 363-370.

16   Evenett and Meier, "An Interim Assessment of the US Trade Policy of 'Competitive

대의 무역상 이익만이 아니라 미국식 제도와 가치의 확산이라는 궁극
적 목적이 작용했던 것이다. 따라서 경쟁적 자유화 정책이 진행되면
서, 상대국과의 PTA가 향후 다른 무역협상에 대한 선례가 될 수 있는
지 여부와 상대국이 특정 지역에서 어느 정도의 경제적 비중과 지위를
지니고 있는지가 중시되었다. 이런 점에서 미국이 단계적인 지역주의
(sequential regionalism)를 염두에 두고 있다고 평가되었다.[17]

한편, 미 의회는 2002년 무역법을 통해 부시 행정부에 무역촉진
권을 부여했다. 무역촉진권은 기존의 신속처리권과 동일한 것으로
2007년까지 연장되었으며, 이를 기반으로 부시 행정부는 다른 나라들
과의 무역 협상을 진전시켜 나갈 수가 있었다. 그러나 무역 자유화에
대한 양당의 공방 끝에 통과된 2001년 무역법은 행정부에 무역촉진권
을 부여하는 대신, 무역 협상에 있어서 의회의 개입과 감독을 더욱 강
화했으며, 노동과 환경 조항을 의무적으로 포함하도록 강제했다. 부시
행정부가 이러한 이슈들에 대한 타협이 쉽지 않은 다자 협상보다 양자
협상에 치우치게 된 이유 중 하나이다.[18] 다수의 자유무역협정이 추진
되면서 미 의회는 다시 견제를 강화했는데, 2007년 중반 양부 간의 타
협으로 '새로운 무역정책'(New Trade Policy for America)이 채택되었
다. 이에 따르면 향후의 자유무역협정들은 반드시 ILO 헌장(Declara-
tion on Fundamental Principles and Rights of Work)의 다섯 가지 핵
심적 노동 규준을 충족시켜야 하고, 다자 환경 협정(multilateral envi-
ronmental agreement: MEA)을 실행해야 하며, 의약품 지재권을 적절

Liberalization," p. 35.

17   Feinberg, "The Political Economy of United States' Free Trade Arrangements,"
p. 1039.

18   Surendra Bhandari and Jay Klaphake, "U.S. Trade Policy and the Doha Round Ne-
gotiations," *Ritsumeikan Annual Review of International Studies*, 10(2011), p. 82.

히 보호해야 하고, 투자자–정부 간 분쟁에서 투자자를 보호해야 한다. 기존보다 훨씬 강화된 노동, 환경, 투자 보호 등의 기준이 설정된 것이다.[19] 요컨대 부시 행정부 시기에 이르러 미국은 노동, 환경, 물적·지적 투자 보호 등 그간 미국이 제기해 오던 기준을 크게 강화한 채, 이를 양자주의를 통해 관철해 갔던 것이다.

그러나 부시 행정부의 경쟁적 자유화 정책은 오바마 행정부로 온전히 계승되지 않았다. 무역정책에 있어서 오바마는 반(反)자유주의적 성향을 지닌 것으로 평가된다. 예컨대 상원의원 시절 오바마는 무역 이슈와 연관된 표결 16번 중 13번 민주당 보호주의 진영에 가담했었다.[20] 2008년 대통령 선거 캠페인 중에는 무역정책에 있어서 노동과 환경 기준을 강화할 것을 공약했고, 무역 상대국들에 대해 공정무역론(fair trade)에 입각한 강경한 입장을 취할 것을 천명했다. 심지어 미국 내 일자리의 상실을 우려하면서 NAFTA 재협상과 개정을 제안하기도 했다.

2007년, 2008년 이후의 금융 위기 속에서 취임한 오바마 대통령은 곧 경제 재건법(American Recovery and Reinvestment Act)에 서명했다. 이 법에 의해 경제 위기에 대한 대응으로 7,870억 달러 규모의 경기부양 자금이 조성되었는데, 이 자금으로 이루어지는 모든 공공사업에는 오직 미국산 제품만을 사용해야 한다고 규정하였다. 이는 WTO의 내국민 대우 조항(national treatment clause)을 위배하는 것으로 보호주의에 대한 우려를 낳았고, 결국 중국을 비롯한 다른 나라

---

19   William H. Cooper, "The Future of U. S. Trade Policy: An Analysis of Issues and Options for the 111th Congress," Congressional Research Service, 2010, p. 2.

20   Bhandari and Klaphake, "U.S. Trade Policy and the Doha Round Negotiations," p. 73.

들도 유사한 보복조치를 취하게 되었다. 임기 초반에 발표된 무역정책
보고서 역시 오바마 행정부의 반자유주의적 성향을 드러낸 것으로 보
인다.[21] 이 보고서는 경제 위기 상황에서 무역 확장이 필요하지만, 시
장 개방보다는 무역 조정 지원(trade adjustment assistance)을 제공하
는 데 보다 역점을 둘 것을 강조했다. 또한 무역 협상권 사용을 절제할
것임을 밝히고 앞으로의 무역 협상에 있어서 노동 조항들을 강조하고
공정 무역을 관철할 것임을 천명했다.

　다시 2010년 무역보고서에서 오바마 행정부는 해외 시장 접근에
공격적으로 임할 것임과 동시에 국내시장에서 외국 기업들의 경쟁을
적절히 규제할 것임을 천명했다. 또한 교착상태에 빠져 있는 도하 라
운드의 중요성에 대해 인정하면서도, 원만한 협상의 타결보다는 세계
무역질서에 미국적 가치가 더 반영되게 할 것임을 강조했다.[22] 수출 증
진 방안도 마련되었다. 수출 증진청(Export Promotion Cabinet)을 수
립하고 수출 증진 지원금을 조성하며 중소기업들에 대한 수출 지원책
을 마련한다는 것으로, 일종의 신중상주의적 방안으로 우려의 대상이
되기도 했다.[23]

　그렇다고 해서 오바마 행정부의 무역정책이 보호주의로 선회한
것은 아니다. 2008년 위기 이후 2년간 세계 생산과 무역은 대공황 당
시보다 더 심각하게 위축되었고, 이에 따라 강력한 보호주의의 대두가
우려되기도 했다.[24] 미국의 무역량도 2008년 대비 2009년에 수출과 수

21　USTR, *2009 Trade Policy Agenda and 2008 Annual Report of the President of the United States on Trade Agreements Program*, 2009.

22　USTR, *2010 Trade Policy Agenda and 2009 Annual Report of the President of the United States on Trade Agreements Program*, 2010.

23　Bhandari and Klaphake, "U.S. Trade Policy and the Doha Round Negotiations," pp. 85-86.

입이 각각 17.9퍼센트, 25.9퍼센트 감소했다. 그러나 이는 경기 위축
으로 인한 효과일 뿐 공공연한 보호주의적 정책이 야기한 것은 아니었
다. 크게 논란이 되었던 보호주의적 조치는 2012년 중국 타이어 산업
에 대한 관세 인상 정도였다. 반면, 오바마 행정부는 부시 행정부로부
터 물려받은 세 FTA, 즉 콜롬비아, 파나마, 한국과의 FTA를 고수했다.
약간의 수정과 재협상을 거쳐 2011년 의회에 비준을 요청했고, 의회는
세 FTA를 가결했다. 특히 경제적 효과가 큰 한국과의 FTA도 자동차
산업에 대한 한국의 약간의 양보를 얻은 후 논란 없이 비준되었다.[25]

이렇게 볼 때 오바마 행정부는 전임 행정부들에 비해 자유무역정책
에 덜 우호적이지만, 포괄적 무역정책을 보호주의로 선회시키거나 부
문별 보호주의 조치들을 남발했던 것은 아니다. 민주당 의원 대다수와
마찬가지로 공정무역론을 강조하고, 실업과 저임 등 국내 경제적 피해
에 보다 예민한 정도인 것이다. 그러나 이러한 성향 때문에 오바마 행
정부에서는 무역정책상 미국의 주도적 대응이 이루어지지 않았다. 도
하 라운드의 교착 때문에 다자주의적 해법이 가능하지 않았다 하더라
도, 부시 행정부가 17개에 달하는 PTA로 대안을 모색했던 데 반해 오
바마 행정부는 아무런 노력을 기울이지 않았다. 심지어 2007년 만료
된 무역촉진권을 임기가 끝나가는 2013년까지도 의회에 요청하지 않
았다. 무역정책의 추진이 개방화와 자유화를 의미하는 한, 오바마 행
정부는 이에 소극적이고 무관심하기까지 했던 것으로 보인다.

한 가지 예외가 바로 TPP와 TTIP의 지역주의적 기획이다. 원래

---

24 Gawande Gawande, Bernard Hoekman, and Yue Cui, "Global Supply Chains and
   Trade Policy Responses to the 2008 Crisis," *The World Bank Economic Review,*
   2014, pp. 1-3.
25 William H. Cooper, "Free Trade Agreements: Impact on U.S. Trade and Implica-
   tions for U.S. Trade Policy," Congressional Research Service, 2010, pp. 5-6.

TPP는 칠레, 뉴질랜드, 싱가포르, 브루나이 등 4개국이 체결한 TPSEP (Trans-Pacific Strategic and Econmic Partnership: P4)을 모체로 임기말 부시 행정부가 참여를 선언하면서 시작되었고, 2009년 말 오바마행정부가 TPP를 계승하기로 공식화함에 따라 본격적으로 협상이 이루어지게 되었다. P4를 모체로 궁극적으로는 그간 제기되었던 FTAAP로 발전시키기 위한 중간 단계로 TPP의 필요성이 인정되었던 것으로,[26] 양자적 접근에 대한 회의와 소극적 대응 속에서 오바마 행정부의 무역정책 대안이 지역주의로 귀결된 것이다.[27] 더욱이 오바마 행정부의 외교정책 구상이 '아시아로의 복귀'(Pivot to Asia)를 천명하면서 TPP는 중대한 지경학적·지정학적 의미를 지니게 되었다. 또한 2013년에 이르러 일본까지 참여를 선언하면서 TPP의 중요성은 더욱 커졌다. 2014년내에 TPP를 마무리하고 이를 바탕으로 2015년까지 TTIP를 성공시키는 지역주의적 기획이 오바마 행정부 후반의 중대한 무역정책이자 외교정책이 되었던 것이다.

문제는 TPP 협상이 성공적으로 타결될 수 있는지 여부이다. 참여국들 간에 기존에 체결되어 있는 PTA들을 어떻게 조정하고 TPP와 양립시키는가가 협상의 관건인데, 이 자체가 쉽지 않은 것이다. 우선 TPP가 미국이 체결한 PTA들의 내용과 일치하지 않는 방향으로 발전할 수는 없을 것인데, 미국의 기존 PTA들의 내용을 참여국들이 받아

---

26 Deborah K. Elms and C. L. Lim, "An Overview of Snapshot of the TPP Negotiations," in Elms, Lim and Patrick Low, eds., *The Trans-Pacific Partnership: A Quest for a Twenty-first Century Trade Agreement,* Cambridge University Press, 2012, pp. 21-27.

27 Ian F. Fergusson, William H. Cooper, Remy Jurenas, and Brock R. Williams, "The Trans-Pacific Partnership Negotiations and Issues for Congress," Congressional Research Service, 2013, pp. 3-8.

들이기도 쉽지 않을 것이다.[28] 더욱이 오바마 행정부는 TPP의 목표가 '높은 수준의 21세기적 기준'(high quality, twenty first century standard)를 설정하는 것이라고 공언했다. 기존 PTA들보다 더욱 높은 기준을 관철시켜야 하는 것이다. 문제를 더욱 어렵게 만드는 것은 미 의회의 태도이다. 오바마 대통령은 TPP와 TTIP의 성공적인 타결을 위해 2013년 말 의회에 무역촉진권의 부여를 요청했다. 그러나 2014년 초 초당적 발의로 제안된 법안은 2014년 9월 현재 의회에 계류 중이다. 민주당과 티파티 소속 의원들이 강하게 반대하고 있어서 양당 지도부의 설득에도 불구하고 제대로 처리되지 못하고 있는 것이다. 설사 무역촉진권한이 부여된다 하더라도 이미 의회는 무역촉진권 부여의 조건으로 더욱 강력한 기준을 요구하고 있다. 이미 제도화된 노동과 환경 기준뿐 아니라, 지적 재산권 등 투자 보호 기준과 심지어 환율 조작에 대한 제재까지 협상 대상으로 못 박고 있다.[29] 이러한 기준을 충족시키지 못할 경우 TPP의 비준은 가능하지 않을 수 있는 것이다. 이와 같이 높아져 가는 미국의 기준이 참여국들에게 받아들여져서 오바마 행정부의 지역주의 기획이 성공적으로 마무리될 수 있을지 의문이다.

지금까지 살펴본 바와 같이, 지난 20년간 미국 무역정책은 기존의 다자적 자유주의에서 이탈해 온 것으로 보인다. 도하 라운드의 교착을 주도적으로 해결해 나가지 못하면서, 현실성 없는 거대지역주의 구상을 제안하다가 경제적 의미가 크지 않은 양자주의에 집중하기도 하고, 무역정책에 대한 무관심 속에서 다시 한 번 지역주의적 기획을 추

---

28 Deborah K. Elms, C. L. Lim and Patrick Low, "What is "High-Quality, Twenty-first Century" Anyway?" in Elms, Lim and Low, eds., *The Trans-Pacific Partnership*, 2012, pp. 8-11.

29 *Financial Times*, 2014. 9. 4.

진하고 있는 것이다. 이러는 가운데 무역정책을 둘러싼 국내 정치는
양극화가 심화되고 있고, 공세적 일방주의에 가까운 미국적 기준이 요
구되고 있다. 이러한 현상을 어떻게 설명할 수 있을까? 미국 무역정책
은 특정한 방향성을 지니고 전개되어 온 것인가, 아니면 혼란과 동요
에 빠져 있는 것인가? 이에 대한 해답을 위해 경제적 변화, 국내 정치
적 변화, 그리고 세계 무역 거버넌스의 변화를 살펴볼 필요가 있다.

II. 경제적 구조

미국 무역정책의 변화 방향을 설정하는 가장 기본적인 변수는 미국 경
제의 성격에서 찾을 수 있다. 예컨대 19세기 후반까지 산업화 초기 단
계에 있던 시절 미국은 '아메리칸 시스템'(American system)이라고 하
는 강력한 보호주의 정책을 추구했다. 이차대전 이후 자유무역정책이
추진된 것도 미국 경제의 국제화와 해외시장의 중요성 때문이다.

　　이런 맥락에서 다음과 같은 경제적 변화들을 우선 지적할 수 있
다. 첫째, 현재 미국 경제는 역사상 가장 무역 의존적이다. 1920년대에
2퍼센트, 1970년에 11퍼센트였던 GDP 중 무역의 비중이 2009년에는
25퍼센트로 크게 증가했다. 특히 2000년대 들어 미국의 수출은 매 10
년마다 두 배로 증가하여, 2000년에 10억 달러이던 것이 2008년에는
18억 달러가 되었다. 경제위기 때문에 2009년에 미국의 수출은 16억
달러로 감소했는데, 취임 직후 오바마 행정부는 경제위기 타개책의 하
나로 향후 5년 안에 수출을 두 배로 증가시키겠다고 공언했다.[30]

　　둘째, 미국의 무역 상대국들 중 개도국들의 비중이 크게 증가했
다. 개도국들에 대한 미국의 수입과 수출은 1985년에는 각각 34.5퍼

센트, 32.8퍼센트였으나, 2009년에는 59.8퍼센트, 51.6퍼센트를 기록
했다. 물론 세계 무역의 거인으로 등장한 중국과 NAFTA 효과를 톡톡
히 보고 있는 멕시코가 개도국에 포함되어 있기 때문이기는 하지만,
신흥 시장 국가들과 동아시아의 개도국들이 미국 무역에서 점점 큰 비
중을 차지하고 있는 것이다.

셋째, 2000년대 들어 무역 적자가 다시 한 번 심각한 문제로 등
장하고 있다. 2000년대 중반 이후 미국 무역 적자는 8천억 달러 규모
를 기록하고 있으며, 경상수지 적자 역시 4천억 달러에 달하고 있다.
이는 글로벌 불균형(global imbalance)이라는 세계경제의 중대한 위
협요인으로 남아 있을 뿐 아니라 미국 무역정책이 해결해야 할 최우
선 과제가 되고 있다. 더욱이 미국의 무역 적자 중 절반 정도가 중국과
의 무역에서 발생하고 있다. 경제위기로 세계 무역이 급격히 위축되었
던 2009년에도 미국은 5천억 달러의 무역 적자를 기록했는데, 이 중
2,250억 달러가 대중(對中) 무역 적자였다. 요컨대 미국의 무역 적자
해소에 있어서 핵심은 미중 무역관계에 있는 것이다.

미국 무역이 지닌 이러한 기본적인 경제적 성격들은 미국 무역정
책이 움직일 수 있는 범위를 설정한다. 우선 미국 경제의 무역 의존도
와 수출 증가 폭을 감안할 때, 무역을 위축시키는 정책 변화는 생각하
기 어렵다. 포괄적 무역정책에 있어서 보호주의로의 회귀가 가능하지
않은 것이다. 이는 경제위기 이후 우려되던 보호주의적 정책이나 부문
별 보호주의 조치들을 미국이 거의 시도하지 않았다는 점에서 잘 드러
난다. 공정무역론이나 신중상주의적 수사에도 불구하고 오바마 행정
부는 무역 상대국들과의 분쟁을 초래할 수 있는 공세적 일방주의의 자

---

30   Bhandari and Klaphake, "U.S. Trade Policy and the Doha Round Negotiations," p.
      85.

세를 취하지 않았던 것이다. 이는 무역의존도가 크게 높아진 미국의
무역정책이 움직일 수 있는 범위를 보여 준다.

한편, 개도국과의 무역이 차지하는 비중이 급증하고 있는 점에서
미국 무역정책의 핵심이슈가 개도국과 연관된 것으로 변하고 있다고
평가된다.[31] 우선, 개도국과의 무역량이 급증하고 개도국의 시장이 급
성장하면서 개도국과의 무역을 증대시킬 수 있는 방안들이 다양하게
모색되고 있다. 경쟁적 자유화 정책이 주로 동아시아와 중남미의 개도
국들을 대상으로 했었고, 동아시아-태평양 지역을 묶는 TPP가 핵심
전략으로 등장하게 된 것이다. 반면, 저임에 기반을 둔 개도국들의 저
가 수입품으로 인한 국내산업과 고용의 문제가 커지면서 이와 연관된
이슈들이 미국 무역정책의 핵심 정책으로 등장하게 되었다. 노동과 환
경 및 지적 재산권 보호 등의 새로운 이슈들에 있어서 미국은 다자 협
상은 물론 양자와 지역적 협상에서도 점점 높은 기준을 요구하고 있는
것이다.

중국과의 무역 적자 문제는 미국 무역정책의 뇌관과 같은 존재로
남아 있다. 대중 무역 적자를 획기적으로 감축시킬 수 있는 현실적인
방안은 강구되기 어렵다. 1985년 일본과의 플라자 합의와 같은 식의
위안화의 대폭적인 절상은 기대하기 힘들기 때문이다. 또한 '금융적
공포의 균형'(balance of financial terror) 상태에 있는 현재의 미중 경
제관계에서 단기적인 대중 무역 적자의 해소는 엄청난 위기를 가져올
수도 있다.[32] 이렇게 본다면, 미국 무역정책은 중국에 대한 무역의존도
를 서서히 줄여가면서 다른 무역 상대국들의 비중을 높여가고 미국의

---

31   Cooper, "The Futere of U. S. Trade Policy," pp. 5-6.

32   백창재·조형진, 「신 브레튼 우즈 체제와 미중관계의 경제적 구조」, 서울대학교 한국정
        치연구소, 『한국정치연구』, 21: 2(2012), pp. 320-322.

수출 기회를 획기적으로 증대시키는 방향으로 나아갈 가능성이 높다. 곧, TPP와 같이 '21세기적으로 높은 기준'으로 신흥시장국가들과 자유화를 추진하는 것이다.

이러한 전반적인 경제적 성격들 이외에 최근 주목되고 있는 변화가 바로 '공급망 무역'(supply chain trade)의 확산이다. 공급망 무역이란 "국제적인 생산 네트워크와 연관된 상품, 투자, 서비스, 노하우(know-how) 및 인력의 국가간 흐름"[33]으로 규정된다. 1980년대부터 세계경제의 생산 체제에서 전 세계적 생산 네트워크(global production network)가 확산되면서 무역 영역에서 필연적으로 생겨난 것이 바로 공급망 무역이다.[34] 세계 곳곳에 분산된 생산망에 부품과 중간재를 공급하고 조립된 완제품을 분배하는 형태의 무역이 양적·질적으로 중대해진 것이다.

이러한 공급망 무역은 새로운 것은 아니다. 1960년대에도 공급망 무역이 확산되었는데, 당시의 공급망 무역은 선진국 간에 이루어졌다. 즉 서유럽은 EC 국가들 간의 산업 내 무역(intra-industry trade)의 형태로, 그리고 미국은 1965년 캐나다와의 자동차 협정(US-Canada Auto Pact)을 중심으로 공급망 무역을 했던 것이다. 이 공급망 무역을 위해서는 참여국들 간에 투자 보호와 다양한 규제들에 대한 조율이 필요한데, 기존의 GATT에서 다룰 수 없었으므로 개별 국가들 간의 협정으로 규칙을 제정했다.

1980년대 중반 이후의 공급망 무역은 선진국과 개도국 간의 공급

33 Richard Baldwin, "Global Supply Chains: Why They Emerged, Why They Matter, and Where They Are Going," Fung Global Institute Working Paper FGI-2012-1, 2012, pp. 1-2.

34 Gary Gereffi and Joonkoo Lee, "Why the World Suddenly Cares about Global Supply Chains," *Journal of Supply Chain Management,* 48: 3(2012), pp. 25-26.

망 무역이라는 점에서 이전과 다르다. 이 남-북 간 공급망 무역은 선진국과 개도국들 각각의 필요에 의해 생겨났다. 개도국들의 경우 투자와 기술을 유치하기 위해 일방적으로 시장 개방을 하고 국내 정책 영역까지 포함하는 규제들을 과감하게 양보하는 양자 투자협정과 PTA들을 체결하기 시작했다. 경제 개발과 성장을 위해서는 공급망 무역에 참여해야 했기 때문이다. 선진국들의 경우에는 저임의 노동력을 활용하고 잠재적 시장을 확보하기 위해 개도국들로 공급망 무역을 확대해 갔는데, 투자 보호와 효율적인 생산 체제의 운영을 위해 높은 수준의 경제 개혁을 이룬 개도국들을 선택했다.[35]

세계 무역에서 공급망 무역이 어느 정도 비중을 차지하고 있는지 정확히 측정하는 것은 쉽지 않다. 단순히 중간재들의 무역만을 측정해서는 공급망 내에서 이루어지고 있는 무역인지 알 수 없기 때문이다. 한 가지 방증은 남-북 간 공급망 무역의 가시적 효과가 대단히 크다는 점이다. 즉, 1980년대까지 세계경제와 무역에서 압도적인 비중을 차지했던 G7의 몫이 공급망 무역이 확산된 이후 크게 줄어들었고 다수의 개도국들의 비중이 증가했다. 전 세계 수출에서 차지하는 G7의 비중은 1991년 51퍼센트에서 2008년에는 33퍼센트로, 전 세계 GDP에서 차지하는 비중은 1988년 67퍼센트에서 2008년 50퍼센트로, 전 세계 제조업에서의 비중은 1990년 65퍼센트에서 2008년 47퍼센트로 낮아졌던 것이다. 반면 이 세 가지 지표에서 중국, 한국, 인도, 터키, 인도네시아, 태국, 폴란드는 가장 크게 성장했다.[36]

볼드윈은 주요 선진국들과 개도국들의 무역 구조를 분석하

---

35   Richard Baldwin, "WTO 2.0: Global governance of supply chain trade," Center for Economic Policy Research, *Policy Insight*, 64(2012), pp. 2-4.

36   Richard Baldwin, "Global Supply Chains: Why They Emerged, Why They Matter,

여 공급망 무역의 비중과 패턴을 포착했다.[37] 즉, 각국의 재수입(re-imports)과 재수출(re-export)을 분석하여 어떤 국가들과 어느 규모의 공급망 무역을 하고 있는지 밝힌 것이다. 분석 결과, 미국, 독일, 일본, 중국을 중심으로 주변국들 간에 축과 살(hub-and-spoke)의 형태로 재수출과 재수입이 급증하고 있는 것이 발견되었다. 미국을 중심으로 NAFTA 국가들인 멕시코와 캐나다 간의 공급망 무역, 독일과 서유럽 국가들을 중심으로 폴란드와 체코 같은 동구권 국가들 간의 공급망 무역, 일본, 중국 또는 한국을 중심으로 자원 수출국과 동남아시아 신흥국들 간의 공급망 무역이 이루어지고 있다는 것이다. 이와 같이 공급망 무역이 북미 공단(Factory North America), 유럽 공단(Factory Europe)이나 아시아 공단(Factory Asia)과 같이 지리적으로 군집하여 이루어지게 된 이유를 볼드윈은 공급망 무역이 거리에 민감하기 때문이라고 본다.[38] 기술 진보로 상품과 자본 및 아이디어를 주고받는 비용은 크게 낮아졌으나, 인적인 이동은 여전히 장애가 된다. 면대면(face-to-face), 면대설비(face-to-machine)로 교류하기 쉬운 인근지역이 생산 네트워크 구성에서 우선적으로 고려된다는 것이다.

지리적 군집 현상보다 중요한 것은 공급망 무역에 참여하기 위한 조건이다. 물질적, 비물질적 재산권을 보장하고, 상품, 서비스, 자본 및 인적 교류의 자유로운 흐름이 보장되어야 하는 것이다. 이 두 가

and Where They Are Going," Fung Global Institute Working Paper FGI-2012-1, 2012, pp. 7-10.

37 Richard Baldwin and Javier Lopez-Gonzalez, "Supply-chain Trade: A Portrait of Global Patterns and Several Testable Hypotheses," *The World Economy*, 2014, pp. 1-40.

38 Richard Baldwin, "Global Supply Chains: Why They Emerged, Why They Matter, and Where They Are Going," Fung Global Institute Working Paper FGI-2012-1, 2012.

지 조건이 충족되는 국가들만이 공급망 무역에 참여할 수 있다. 그간 WTO는 관세와 농업 개방 등 전통적 이슈들에 치중하여 교착상태에 빠짐으로써 공급망 무역을 위한 조건들을 다루지 못했다. 더욱이 공급망 무역과 연관된 이슈들은 투자 정책이나 국내 규제와 같은 것들로 다양한 영역의 국내 정책들과 얽혀 있으므로, WTO가 다룰 수 있는 무역연관 정책의 범위를 넘어서는 것이 많다. 다자 협정을 통해 공급망 무역에 관한 규칙 제정이 이루어질 수 없는 것이다.[39] 이러는 사이 공급망 무역의 이슈들은 다양한 양자 협정이나 투자 협정, 지역적 접근, 혹은 개도국들의 자체 개혁 등으로 처리되어 왔다. 지금까지 미국과 EU, 일본 등이 PTA들에서 다룬 이슈들을 보면 두 종류로 대별된다. 하나는 WTO에서 다루는 서비스, 무역 관련 투자, 무역 관련 지적 재산권과 통관절차 등에 있어서 보다 심화된 자유화이고, 다른 하나는 지적 재산권과 투자 자산 보장 및 자본 이동의 자유화 등 WTO의 범위를 벗어나는 개혁이다. 후자는 공급망 무역을 위한 조건인 것이다.

생산 세계화, 곧 전 세계적 생산 네트워크의 확산을 전제로 할 때, 공급망 무역의 급속한 확대를 예상할 수 있다. 공급망 무역이 세계 무역의 핵심이 되어 가고 있는 것이다. 그렇다면, 세계 무역질서와 미국 무역정책의 핵심 이슈들이 공급망 무역과 연관된 이슈들이 될 것으로 예측할 수 있다. 이 이슈들은 이미 미국, EU, 일본을 중심으로 많은 국가들 간에 체결된 각종 양자, 지역협정과 투자협정들에서 다루어져 왔다. 이처럼 복잡하게 얽혀 있는 공급망 무역을 위한 규칙들을 조정하는 것이 TPP와 같은 거대지역주의 기획의 핵심 과제가 될 것이다.[40]

39 Bernard Hoekman, "Supply Chains, Mega-regionals and the WTO," VoxEU.org, May 19, 2014.

40 Baldwin, "Multilateralizing 21st Century Regionalism," a paper presented at OECD

이것이 바로 TPP 협상에서 미국이 천명한 '보다 높은 21세기적 기준들'의 중요한 부분인 것이다.

III. 세계 무역의 거버넌스

무역정책에 있어서 미국의 전략적 선택에 영향을 미치는 또 다른 변수는 세계 무역질서를 유지하는 거버넌스의 성격에서 찾아볼 수 있다. 1995년 WTO가 출범하면서 세계 무역질서는 WTO의 규칙 제정과 분쟁 해결에 의해 유지되어 왔고 DDA의 다자협상을 통해 개방화를 추구해 왔다. 1995년 출범 당시 128개국, 현재 160개국의 회원국들을 대상으로 다자협상을 진행하고 지금까지 475개의 분쟁을 해결하면서 WTO의 정책 결정은 상당 부분 소수의 강대국들에 의해 통제되는 거버넌스를 이루고 있었다. 소위 쿼드(Quad) 그룹이라고 불리는 미국, EU, 일본, 캐나다의 4개국이 중심이 되어 일차적으로 의제를 설정하고 합의의 방향을 결정했던 것이다.

그러나 중국, 인도, 브라질 등 신흥시장국가들과 개도국들의 경제력이 커지고 세계 무역에서의 비중이 증가하면서 상황이 변화하기 시작했다. 중국은 2008년 현재 세계 상품 수출 2위, 서비스 수출 3위이

Global Forum on Trade, "Reconciling Regionalism and Multilateralism in a Post-Bali World," pp. 25-26. 볼드윈과 같은 공급망 무역론자들은 TPP나 TTIP와 같은 거대지역주의가 2010년 중에 타결될 것으로 보는데, 여기에서 중국과 인도는 제외될 것으로 예측한다. 공급망 무역을 위한 심화된 개혁을 두 나라가 받아들일 가능성이 없기 때문이다. 즉, 중국과 인도가 배제된 거대지역주의가 등장하리라는 것이다. 그렇다고 하더라도 중국과 인도의 광대한 시장 때문에 이들이 세계 무역질서와 공급망에서 배제되는 것은 아니다. Baldwin, "Global Supply Chains"; Hoekman, "Supply Chains, Mega-regionals and the WTO" 참조.

고, 브라질은 각각 16위, 18위, 인도는 각각 19위, 5위로 세계 무역에
서 이미 큰 비중을 차지하고 있으며, 광대한 국내시장과 잠재적 시장
을 지니고 있어서 세계 무역에서 중요성이 더욱 커지고 있다.

　주지하듯이 물리적인 국력의 변화가 곧바로 글로벌 거버넌스에
서 영향력의 강화로 반영되지는 않는다. 예컨대 IMF의 의결권에는 여
전히 서구 국가들과 미국이 과잉 대표되어 있고, 신흥국들의 발언권
은 제대로 고려되지 않는다. 중국과 러시아의 경제적 기여를 어느 정
도 반영한 것도 최근의 일이다.[41] 그러나 WTO는 이와 달랐다. 우선
GATT의 다자 협상 시절부터 인도와 브라질은 적극적으로 발언권을
행사해 왔다. 두 나라는 개도국 연합을 이끌면서 이슈들에 대한 조사
분석과 정보 수집 등의 부담을 기꺼이 감당하며 개도국의 이익을 대
변해 왔다.[42] 이들의 경제력이 부상하면서 자연히 두 나라와 개도국의
영향력이 강화된 것이다. 더욱이 GATT와는 달리 WTO에는 중국이
2001년 가입하게 되면서 개도국의 발언권이 한층 거세졌다. 가입 직
후 비교적 소극적 자세를 견지하던 중국은 2008년 경제 위기 이후 공
세적으로 발언권을 행사하며 개도국 진영을 이끌어 오고 있다.

　이러한 상황을 반영하여 WTO의 정책 결정구조가 바뀌게 되었
다. 브라질과 인도는 어젠다들에 대한 타협을 이끌기 위한 첫 단계부
터 주요 회합에 초대되고 있고, 중국 역시 마찬가지이다. 기존의 쿼드
그룹은 새로운 국가들로 대체되어, 2008년 이후 미국, EU, 일본, 호주
와 브라질, 인도, 중국을 포함하는 G7이 WTO 거버넌스의 핵심이 되

41　백창재, 「세계정치경제의 힘의 이동과 질서 변화」, 백창재·신욱희·유근배·윤석민·전
　　경수, 『국제환경의 변화와 한국의 미래』, 서울대학교 출판문화원, 2013, pp. 21–24.
42　Amrita Narlikar, "New Powers in the Club: the Challenges of Global Trade Govern-
　　ance," *International Affairs*, 86:3(2010), p. 719.

었다. 도하 라운드가 교착 상태에 빠졌던 2003년부터 이 세 나라는 거부권 행사에 주저하지 않으면서 개도국 입장을 대변하고 있다.

IMF나 World Bank, 혹은 이전의 GATT에 비해 WTO는 보다 공정하다고 평가할 수 있다.[43] 국가들 간의 힘의 변화를 보다 정확히 반영하게 된 셈이며, 약한 행위자들, 곧 개도국들의 입장이 어느 정도 반영되고 있는 것이다. 그 결과 국제무역에 있어서 '정의'의 문제가 고려되고 DDA와 같이 개도국들의 과제인 발전 문제가 논의되고 있는 것이다. 그러나 핵심 결정과정에 다양한 행위자들이 간여하게 되면서 정책 결정은 훨씬 어렵고 비효율적이 되었다. 다양한 발전 수준과 국내 정치경제적 특성, 상이한 이해관계와 협상문화, 정의에 대한 서로 다른 관념을 지닌 국가들 간에 타협을 도출하기가 힘들게 된 것이다. 세계 무역의 거버넌스가 이차대전 직후 미국의 독점적 지위에 의해 이루어졌다가, 유럽이 복구된 뒤 복점적 성격을 갖게 되었다고 한다면 현재 WTO의 거버넌스는 다극화되었다고 할 수 있다.

더욱이 선진국들은 브라질·인도·중국(이하 BICs)과 개도국들이 비타협적이라고 비난한다.[44] 타협을 하지 않은 채 더 이상의 협의까지 거부하는 BICs에 대해 미국과 EU는 강한 불만을 지니고 있다. 미국은 특히 시장 접근 이슈에 대한 중국의 거부로 도하 라운드가 타결되지 않는다고 평가한다. 개도국들에 대해서도 점점 비타협적 자세를 보인다고 비난한다. 캔쿤 회의에서 G20, G33 등 개도국 연합은 BICs가 주도하지 않아도 전혀 양보를 하지 않았으며, 발전 문제만을 강조함으로써 다른 이슈들이 가려지게 되었다. 그 결과 2005년까지 타결되기로 예정되었던 DDA는 지금까지 결렬 상태에 있으며 전혀 진전될 기미를

---

43   *Ibid.*, p. 720
44   Schwab, "After Doha," p. 105.

보이지 않는다.

이와 같이 WTO의 거버넌스가 변화한 것은 선진국들의 전략에 수정을 가져오게 되었다. 더 이상 주도권을 행사하지 못하고 타협과 양보를 이끌어 내지 못하는 다자적 접근에 대해 회의하게 된 것이다. 그렇다면 대안적 접근은 양자와 지역주의가 된다. 부시 행정부 시기부터 미국이 경쟁적 자유화 정책을, 오바마 행정부에 이르러 거대지역주의를 모색하게 된 것은 이러한 맥락에서 이해할 수 있다. 2006년 이후 EU가 미국과 경쟁적으로 PTA를 추진해 온 것도 마찬가지이다.[45]

WTO의 다자적 접근이 외면당하게 된 또 다른 이유는 '중국 문제'이다. 현재 도하 라운드의 핵심적 의제는 농산물이나 서비스 개방이 아니라 제조업에 대한 시장 접근(market access)이다. 서비스 부문은 회원국 전체가 관심을 두는 것이 아닌 데다가, 너무나 복잡한 이슈이기 때문에 도하 라운드에서 상당한 수준의 개방이 이루어지기는 어렵다고 평가된다. 농업 부문도 EU의 강력한 반대에 부딪혀 있는데다가, 현재 세계적으로 농산품 가격이 높기 때문에 수입 제한이 문제가 되는 것이 아니라 수출 규제가 문제가 될 정도이다. 따라서 도하 라운드에서 개방이 이루어질 수 있는 것은 제조업 부문이다.[46]

그런데 10대 무역국들의 제조업 부문 중 가장 보호주의적인 10개 부문들의 수입 추이를 분석해 보면, 지난 10년간 중국으로부터의 수입이 3배 이상 증가하여 거의 50-70퍼센트까지 증가했다.[47] 도하 라운드에서 가장 중요한 행위자들 10개국에서 정치적으로 가장 민감한 10개

45 Alberta Sbragia, "The EU, the US, and Trade Policy: Competitive Interdependence in the Management of Globalization, *Journal of European Public Policy*, 17: 3(2010), pp. 368-382.

46 Aaditya Mattoo, Francis Ng, and Arvind Subramanisn, "The Elephant in the 'Green Room': China and the Doha Round," VoxEu.org, May 21, 2011.

제조업 부문을 지난 10년간 중국이 거의 잠식한 것이다. 그 함의는 도
하 라운드가 소기의 성과를 거둔다 해도 이는 곧 제조업 부문의 시장
개방일 것이며, 이렇게 되면 중국이 세계 시장을 더욱 잠식할 것이라
는 우려가 커진다는 점이다.

더욱이 중국의 수출이 증가한 원인이자 그 해결책으로 제시되고
있는 것은 위안화 문제이다. 위안화의 인위적인 평가 절하로 중국 제
품의 경쟁력이 부풀려진 것이며, 따라서 중국의 시장 잠식을 막기 위
해서는 위안화를 평가 절상해야 한다는 것이다.[48] 위안화 문제가 사실
이든 아니든, 중국의 시장 잠식의 원인을 중국의 불공정 행위에서 찾
는 것은 정치적으로 매력적이기 때문에 위안화 문제는 세계 무역의 뇌
관과도 같은 존재가 되었다. 따라서 도하 라운드에서 제조업 부문의
시장 접근이 타결되기 위한 전제 조건으로 위안화의 평가 절상이 대두
될 수밖에 없다. 문제는 다자 협상을 통해 위안화 문제가 다루어질 수
없다는 점이다. 그렇다고 미국이나 EU의 압력 때문에 중국이 완전한
변동환율제를 채택할 리가 없고, 1985년 플라자 합의와 같은 급격한
평가 절상을 받아들일 가능성도 없다. 위안화의 점진적인 평가 절상이
이루어진다 해도, 최소한 충분한 수준에 도달하기 전까지는 도하 라운
드의 다자 협상이 제조업 부문에서조차 의미 있는 성과를 거두기 어렵
다. 이와 같이 중국이라는 난제 역시 미국을 다자적 접근으로부터 멀
어지게 만들고 있는 것이다.

---

47   *Ibid.*
48   Wayne M. Morrison, "China-US Trade Issues," Congressional Research Service,
     2011, pp. 20–21.

IV. 미국 무역정책의 국내 정치

미국 무역정책의 방향을 좌우할 또 다른 변수는 무역정책과 연관된 국내 정치 상황이다. 주지하듯이 이차대전 이후 무역정책을 둘러싼 미국 국내 정치는 자유무역을 추진하기에 유리하게 형성되었다. 우선 스무트-홀리 관세법의 충격 속에서 입법화된 호혜통상협정법에 의해 자유무역정책의 제도적 기반이 마련되었다. 사회 세력들의 압력에 취약한 의회가 더 이상 무역정책 결정을 주도하지 않게 되었고, 행정부가 다른 나라들과 체결한 자유무역협정을 의회가 사후에 승인하는 정책 결정체계가 수립된 것이다. 또한 무역과 연관된 이슈들은 선거에서 주목받는 이슈가 되지 못했고, 이에 따라 민주·공화 양당 간에는 자유무역에 대한 초당적 합의가 존재했다. 보호주의적 혜택을 추구하는 이익집단들도 존재했지만, 그렇다고 자유무역이 국가적 이익이라는 것이 거부되지는 않았다. 특정한 산업 부문들이 생존을 위해 보호주의 혜택을 요구할 뿐, 포괄적 무역정책은 자유무역이어야 한다는 사회적 합의가 있었던 것이며, 대부분의 산업 부문들과 노조는 무역 이슈에 대해 주목하지 않았다.[49]

　이러한 정치적 상황은 1970년대에 들어서 미국 경제가 침체되고 무역 적자가 급증하기 시작하면서 크게 바뀌었다. 우선 자유무역에 대한 미국인들의 선호가 변화했다. 예컨대 2000년대 퓨 리서치 센터(Pew Research Center)의 여론조사에 따르면, 자유무역에 대한 찬반이 2001년에는 49%:29%, 2008년에는 35%:48%, 2009년에는 43%:32%로 나뉘었다. 그때그때의 상황에 따라 여론의 변동 폭이 큰

49　Destler, *American Trade Politics*, pp. 169-170.

것이다. 반면, 2009년에 자유무역에 대한 지지가 높았음에도 불구하고 자유무역이 일자리를 감소시킨다고 응답한 미국인은 53퍼센트로, 증가시킬 것이라는 응답(13%)의 네 배나 되었다.[50] 임금 수준을 저하시킨다는 응답도 마찬가지였다(49%:11%). 이와 같이 실업과 산업 공동화, 저임 등 무역 자유화의 역효과가 부각되기 시작하면서 노조는 반자유주의로 돌아섰고, 보호주의 정책의 강력한 보루가 되었다.

이러한 여론의 변화와 노조의 압력은 선거에 영향을 미치기 시작했다. 무역 이슈가 선거의 중대한 변수로 등장할 수 있게 된 것이다. 예컨대 1988년 대통령 선거에서 민주당의 게파트(Richard Gephart) 후보는 일본, 한국, 대만 등 미국에 대해 막대한 무역 흑자를 보고 있는 국가들의 불공정 무역을 응징하겠다는 메시지 하나로 민주당 예비선거 초반에 돌풍을 일으켰었다. 또, 1993년 NAFTA 법안의 통과를 지휘했던 하원의장 폴리(Thomas Foley)는 노조의 타깃이 되어 1994년 중간선거에서 낙선하기도 했다. 정도의 차이는 있으나, 클린턴 이후 오바마까지 민주당 대통령 후보들은 줄곧 자유무역정책에 대한 재검토와 보완을 공약하곤 했다.

결과적으로 이차대전 이후 자유무역정책을 지탱하던 정책 결정체계는 상당한 수준까지 침식되었다.[51] 두 가지 변화가 중대한 결과를 가져왔다. 첫째는 무역정책 전반, 특히 자유무역협정의 체결에 대한 의회의 개입과 감독이 강력해졌다는 점이다. 1974년 무역법 이후 의회는 행정부에게 신속처리권을 부여하는 조건으로 의회에 대한 보고, 그리고 협상과정에 대한 의회의 참여와 감독을 지속적으로 강화해 왔다. 이는 필연적으로 미국 내 이익집단들과 사회 세력들의 이익이 무역협

50   Cooper, "The Futere of U. S. Trade Policy," pp. 2–3.
51   Destler, *American Trade Politics*, pp. 169–192.

정들에 보다 반영되어야 하는 결과를 가져왔다. 더욱이 NAFTA와 한 미 FTA의 경우에서 보듯이, 이미 체결된 무역협정들에 대한 비준의 조건으로 의회는 재협상과 보완을 요구하여 국내 이익집단들에 대해 상대국들로부터 양보를 받아내곤 했다. 의회와 사회 세력들이 받아들일 수 있는 수준에서 행정부의 무역협상이 진행될 수밖에 없는 것이다. 이는 미국 무역정책이 타협적이기보다 일방주의적으로 흐르게 되는 결과를 가져올 수 있다.

또 다른 변화는 무역정책에 대한 양당의 입장이 양극화되고 있다는 점이다. 1970년대 이후 자유무역에 대한 민주당의 지지는 현저히 약화되었다. 특히 AFL-CIO 등 노조와 환경집단이 거세게 반발했던 NAFTA 비준과정을 거치면서 민주당의 반자유주의적 성향은 크게 강화되었다. 임기 후반에 클린턴이 요청했던 신속처리권을 민주당 의원들이 거부했을 정도였다.[52] 부시 행정부 초기에 무역촉진권을 부여했던 2001년 무역법은 민주당의 강력한 반대하에 단 한 표 차이로 통과되었다. 또한 TPP와 TTIP 협상을 마무리하게 위해 2013년부터 오바마가 요청해 온 무역촉진권 법안의 경우 상원 다수당인 민주당에 의해 저지되고 있다. 노동, 환경 등의 강력한 기준과 인권 이슈가 포함될 것과 협상과정의 투명성 보장이 법안에 추가될 것을 민주당 의원들이 강력히 요구하고 있는 것이다.[53]

미국 정당체계의 변화 역시 무역정책에 대한 양당의 입장에 큰 영향을 주었다. 중서부와 남부에서 공화당이 아성을 구축하고 양 대양 연안에서 민주당이 세력을 확장한 1990년대 이후 양당은 정치, 경제, 사회, 외교, 안보 등 각 정책 영역에 있어서 이념적으로 양극화되어 왔

---

52   *Ibid.*, pp. 219-220.
53   *Financial Times*, 2014. 5. 27.

다.[54] 민주, 공화 양당의 정치인들과 핵심 지지층들이 각각 더욱 진보화, 보수화된 데다가, 양당 내의 온건파들이 몰락했기 때문이다. 그 결과 양당 간에는 극단적인 대립이 잦아지고 입법과정에서 초당적 협력이나 양당 간 타협이 점점 어려워지고 있다. 무역정책 역시 양극화의 대상 중 하나이다. 공화당의 경우, 기존의 부문별 보호주의적 혜택이나 무역 조정 지원책까지 거부하는 교조적 자유무역주의를 제기할 정도이다.[55] 반면, 민주당은 무조건적인 개방정책에 강력히 반대한다. 국내적으로 자유무역의 폐해를 조절할 수 있도록 노동에 대한 무역 조정 지원과 재교육이 보장되어야 하고 공장 폐쇄에 대한 규제가 강화되어야 하며, 무역 상대국들에 대해 공정 무역을 요구하며 노동, 환경, 인권 등에 있어서 높은 수준의 기준을 요구하는 것이다. 이와 같이 양극화된 양당의 입장은 의회의 무역법안 처리에 그대로 투영되어 적절한 타협하에 무역법안이 통과되기가 쉽지 않게 되었다.

반면에, 극단적인 보호주의 정책을 옹호하는 세력은 크게 위축되었다. 2000년대 들어서서 생산과 무역이 세계화되었기 때문이다.[56] 미국 경제의 현 상황에서 스무트-홀리 시대로 회귀하는 대안은 상상하기 힘들 뿐 아니라, 자유무역의 확대에 대한 반대 입장도 주장하기 어렵다. 따라서 반자유무역 세력의 입장은 개방의 형태와 속도로 귀결되었으며 무역의 사회적 영향과 연관된 새로운 이슈들을 제기하게 되었다. 시장 접근, 노동, 환경, 인권, 공급망 무역, 투자보호, 지적 재산권 등등에 있어서 높은 수준의 '21세기형 기준'을 요구하는 것이다. 부시

---

54 Morris P. Fiorina, Samuel J. Abrams, and Jeremy C. Pope, *Culture War? The Myth of a Polarized America*, 3rd ed., Longman, 2011.

55 Brink Linsay, "A New Track for U.S. Trade Policy," Cato Institute, Trade Policy Analysis, 1998.

56 Destler, *American Trade Politics*, pp. 249-250.

행정부 이래 체결하거나 협상 중인 각종 양자, 지역, 다자 협정에서 미국의 입장은 이를 반영해 오고 있으며, 향후의 협상에서도 이러한 입장은 한층 강화될 것이다.

V. 미국 무역정책의 진로

지금까지 살펴본 바와 같이 지난 20여 년간 미국 무역정책은 미국 무역이 이루어지고 있는 경제적 상황, 무역과 결부된 국내 정치적 갈등, 그리고 세계 무역질서의 거버넌스 변화라는 세 요소의 다중적 압력 속에서 이루어져 왔다.

우선 급속히 증대되고 있는 무역 의존도와 미국 경제의 세계화는 미국의 포괄적 무역정책이 보호주의로 회귀되는 것을 가능하지 않게 만들고 있다. 반면, 무역의 확대는 필연적으로 국내적 피해와 폐혜를 야기하고 반자유주의 세력이 동원되도록 만들고 있다. 경제적으로는 지속적인 개방의 확대가 요구되는 것이지만, 지금까지와 같은 형태와 속도로 다자주의를 통한 점진적 개방화를 추구하는 것이 전략적 선택이 아닐 수 있다. 더욱이 빠르게 확대되면서 재편되고 있는 공급망 무역의 중요성이 더욱 커지고 있다는 점을 감안하면, WTO 회원국 전체를 아우르는 무역 이슈의 해결이 선결 과제가 아니다. 공급망 무역에 참여할 수 있는 국가들 간에 공급망 무역에 요구되는 이슈의 해결이 보다 중요할 수 있다. 이 이슈들은 투자 보호와 지적 재산권, 자본 이동과 인적 교류의 자유화와 같은 새로운 이슈들이다.

국내 정치적 갈등도 이러한 방향으로 이끌고 있다. 무역 이슈의 정치화와 양당 간의 양극화는 무역정책에 대한 국내 정치적 갈등을 크

게 증폭시켰으나, 그렇다고 전통적인 자유주의-보호주의의 대결구도
는 아니다. 민주당을 중심으로 한 반보호주의 세력이 요구하는 바는
공정무역론과 일방주의적이고 미국 중심적인 이슈들의 해결이다. 공
급망 무역과 연관된 이슈들이 이와 연관된다. 여기에 무역의 사회적
책임과 연결된 노동, 환경, 인권에 대한 높은 수준의 기준이 새로운 핵
심 이슈로 제기되고 있다. 요컨대 미국 무역정책을 두고 벌어지는 대
결의 대상이 특정한 개방 정책이나 무역 협정에 대한 전면적인 찬반이
아니라, 이 핵심 이슈들이 얼마나 해결되었는지 여부인 것이다. 도하
라운드와 같은 다자협상이 멀어져 가고 있는 또 다른 이유이다. 시차
적용을 허용하더라도 160여 개국이 합의하기에는 너무나 어려운 이슈
들이고 너무나 높은 기준이기 때문이다.

　WTO가 출범하면서 이루어지고 있는 세계 무역질서의 새로운 거
버넌스도 같은 방향을 가리킨다. 케네디 라운드에서 우루과이 라운드
에 이르기까지 미국, EU, 일본, 캐나다 등 선진국들에 의해 다자 협상
이 주도되던 시기에는 이들 간의 타협에 의해 단계적으로 개방의 속도
와 폭이 확대되어 왔다. 개도국에 특수 지위를 부여하면서 점진적으로
무역 이슈들을 해결해 온 것이다. 그러나 세계 무역에서 브라질, 인도,
중국 등 개도국들의 비중이 커지고 WTO에서 이들의 발언권이 강해
지면서 더 이상 이런 식의 거버넌스는 통하지 않는다. 개도국 연합의
거부 속에 도하 라운드는 교착 상태에 놓여 있고, 어느 쪽의 의미 있
는 양보도 가능하지 않은 듯 보인다. 미국으로 하여금 다자주의에 대
한 신뢰를 잃게 만들고 있는 것이다. 더욱이 공급망 무역과 같은 새로
운 핵심 이슈들을 다루는 데는 개도국 전체나 브라질, 인도, 중국과 같
은 대국들은 참여하기도 어렵고, 참여할 동기도 부족하다. 세계 무역
의 중심이 공급망 무역으로 옮겨가고 있다면, 다자적 접근의 유용성이

크게 낮아지고 있는 셈이다. 이뿐 아니라 노동, 환경, 인권 등 새로운 이슈에 있어서도 높은 기준을 요구하고 있는 미국으로서는 더욱더 다자적 접근에 의한 해결이 어렵다고 판단하고 있는 것이다.

클린턴 행정부가 NAFTA와 WTO 비준에 성공하고 중국의 PNTR (Permanent Normal Trade Relations, 영구적 정상 무역 관계) 부여를 이끌어 내었음에도 불구하고 의회로부터 신속처리권을 거부당한 채 FTAAP와 같은 막연한 구상을 제시하는 데 그친 점, 도하의 교착 속에 무역촉진권을 부여받은 부시 행정부가 경쟁적 자유화 정책을 통해 양자주의에 집중한 것, 한국을 제외하면 이렇다 할 양자주의 대안도 없는 오바마 행정부가 TTIP에 연계시키면서 TPP와 같은 거대지역주의를 대안으로 추진하고 있는 것들이 이러한 맥락에서 이해될 수 있다. 한편으로는 미국 무역정책의 표류일 수 있으나, 다른 한편으로는 미국 무역이 처한 경제적 구조, 국내 정치적 상황과 세계 무역질서의 거버넌스 변화 속에서 특정한 방향으로 미국 무역정책이 나아가고 있는 것이다.

참고문헌

김동훈, 「미 의회의 신속처리절차에 대한 고찰」, 『세계지역연구논총』, 27:3(2009), pp. 247-267.

김정수, 「미국 통상정책에 있어서의 USTR의 역할: 내부적 정책조정자에서 국제무대의 무역전사로」, 서울대학교 미국학연구소, 『미국학』, 17(1994), pp. 79-115.

박상현, 「금융 위기 이후 미국의 대외전략과 한·미 자유무역협정」, 『경제와 사회』, 102(2014), pp. 149-178.

백창재, 「세계정치경제의 힘의 이동과 질서 변화」, 백창재·신욱희·유근배·윤석민·전경수, 『국제환경의 변화와 한국의 미래』, 서울대학교 출판문화원, 2013, pp. 1-28.

_____, 『미국 패권 연구』, 인간사랑, 2009.

_____, 「정치개혁과 미국 정치 제도의 장래」, 서울대학교 미국학연구소 편, 『21세기 미국의 역사적 전망』, 서울대학교 출판문화원, 2001, pp. 3-76.

_____, 「북미 자유무역협정 비준의 정치과정에 관한 연구」, 서울대학교 지역종합연구소, 『지역연구』, 5:2(1996), pp. 43-68.

백창재·조형진, 「신 브레튼 우즈 체제와 미중관계의 경제적 구조」, 서울대학교 한국정치연구소, 『한국정치연구』, 21:2(2012), pp. 301-323.

서울대학교 미국학연구소 편, 『미국의 통상정책 결정과정』, 서울대학교 출판문화원, 1995.

임혜란, 「미국 부시행정부의 통상정책: 이념과 이해의 역할」, 『한국과 국제정치』, 21:2(2005), pp. 93-123.

_____, 「미국의 신통상정책과 이념의 역할: 미, EU 통상마찰의 재조명」, 『EU학 연구』, 7:1(2002), pp. 97-124.

정하용, 「생산 요소의 이동성과 통상 정치: 1990년대 이후 미국 통상 정치」, 『국가전략』, 14:4(2008), pp. 31-59.

정하용·이규영, 「지역구 이익과 한미 FTA」, 『평화연구』, 20:1(2012), pp. 5-30.

최병선, 『무역 정치경제론』, 박영사, 1999.

_____, 「미국의 무역정책 결정과정」, 『행정논총』, 34:2(1996), pp. 2101-2145.

홍대운, 「미국 의회와 FTA정책: 조지 W. 부시 행정부의 사례(2001-06)」, 서울대학교 미국학연구소, 『미국학』, 31:2(2008), pp. 327-361.

Aggarwal, Vinod K., "Look West: The Evolution of US Trade Policy Toward Asia," *Globalizations*, 7:4(2010), pp. 455-473.

_____, *Liberal Protectionism: The International Politics of Organized Textile Trade*, University of California Press, 1985.

Aggarwal, Vinod K. and Kristi Govella, eds., *Linking Trade and Security: Evolving Institutions and Strategies in Asia, Europe, and the United States*, Springer, 2013.

Aggarwal, Vinod K. and John Ravenhill, "Undermining the WTO: the Case against 'Open Sectoralism,'" East-West Center, *Asia Pacific Issues*, 50(2001).

Aggarwal, Vinod K., Robert O. Keohane, and David Yoffie, "The Dynamics of Negotiated Protectionism," *American Political Science Review*, 81:2(1987), pp. 345-366.

Arnold, R. Douglas, *The Logic of Congressional Action*, Yale University Press, 1990.

Baik, Chang Jae, *Politics of Super 301: The Domestic Political Basis of U. S. Foreign Economic Policy*, Seoul National University Press, 1995.

Baldwin, Richard, "Multilateralizing 21st Century Regionalism," a paper presented at OECD Global Forum on Trade, "Reconciling Regionalism and Multilateralism in a Post-Bali World," Paris, Feb. 11-12, 2014.

_____, "Global Supply Chains: Why They Emerged, Why They Matter, and Where They Are Going," Fung Global Institute Working Paper FGI-2012-1, 2012.

_____, "WTO 2.0: Global governance of supply chain trade," Center for Economic Policy Research, *Policy Insight*, 64(2012).

Baldwin, Richard and Javier Lopez-Gonzalez, "Supply-chain Trade: A Portrait of Global Patterns and Several Testable Hypotheses," *The World Economy*, pp. 1-40, 2014.

Baldwin, Robert E., "U.S. Trade Policy, 1945-1988: From Foreign Policy to Domestic Policy," in Charles S. Pearson and James Riedel, eds., *The Direction of Trade Policy: Papers in Honor of Isaiah Frank*, Basil Blackwell, 1990, pp. 9-23.

Barfield, Claude, Jr., "Commentary," in Jagdish Bhagwati and Hugh T. Patrick, eds., *Aggressive Unilateralism: America's 301 Trade Policy and the World Trading System*, University of Michigan Press, 1990.

Barrie, Robert W., *Congress and the Executive: The Making of the United States Foreign Economic Policy, 1789-1969*, 1987.

Bauer, R. A., I. Pool, and L. A. Dexter, *American Business and Public Policy*, Alldine, 1972.

Bello, Judith H. and Allan F. Holmer, "The Heart of the 1988 Trade Act: A Legislative History of the Amendments to Section 301," in Bhagwati and Patrick, eds., *Aggressive Unilateralism*, pp. 49-90.

Bergsten, C. Fred, "A Renaissance for US Trade Policy?" *Foreign Affairs*, 81:6(2002), pp. 86-98.

_____, "Competitive Liberalization and Global Free Trade: A Vision for the Early 21st Century," Institute for International Economics, Working Paper No. 96-15, 1996.

Bhagwati, Jagdish, "Regionalism and Multilateralism: an Overview," in Jaime de Melo and Arvind Panagariya, eds., *New Dimensions in Regional Integration*, Cambridge University Press, 1993, pp. 22-50.

_____, "Aggressive Unilateralism: An Overview," in Bhagwati and Patrick, eds.,

Aggressive Unilateralism, pp. 1–45.

_____, "Departure from Multilateralism: Regionalism and Aggressive Unilateralism," *The Economic Journal*, December 1990, pp. 1305–1317.

_____, "United States Trade Policy at the Crossroads," *World Economy*, 12:4(1989), pp. 439–479.

Bhagwati, Jagdish and Arvind Panagariya, eds., *The Economics of Preferential Trade Agreements*, AEI Press, 1996.

Bhandari, Surendra and Jay Klaphake, "U.S. Trade Policy and the Doha Round Negotiations," *Ritsumeikan Annual Review of International Studies*, 10(2011), pp. 71–93.

Boadu, Fred O. and E. Wesley F. Peterson, "Enforcing United States Foreign Trade Legislation: Is There a Need for Expanded Presidential Discretion?," *Journal of World Trade*, 24:4(1990), pp. 79–93.

Brady, David W., *Critical Elections and Congressional Policy Making*, Stanford University Press, 1988.

Broad, Robin and John Cavanagh, "No More NICs," *Foreign Policy*, 72(1988), pp. 81–103.

Burnham, Walter D., *Critical Elections and the Mainsprings of American Politics*, W. W. Norton, 1970.

Cameron, Maxwell A., "North American Trade Negotiations: Liberalization Games Between Asymmetric Players," a paper presented at the annual meeting of the International Political Science Association, 1991.

Cass, Ronald A., "Velvet Fist in an Iron Glove: The Omnibus Trade and Competitiveness Act of 1988," *Regulation*, 50(1991), pp. 50–56.

Choate, Pat, *Agents of Influence: How Japan Manipulates America's Political and Economic System*, Simon and Schuster, 1990.

Chorev, Nitsan, *Remaking U. S. Trade Policy: From Protectionism to Globalization*, Cornell University Press, 2006.

Clarida, Richard "That Trade Deficit, Protectionism and Policy Coordination," *World Economy*, 12:4(1989), pp. 415–438.

Cloud, David S., "As NAFTA Countdown Begins, Wheeling, Dealing Intensifies," *Congressional Quarterly Weekly Reports*, November 13, 1993, pp. 3104–3107.

_____, "Decisive Votes Brings Down Trade Walls With Mexico," *Congressional Quarterly Weekly Reports*, November 20, 1993, pp. 3174–3180.

Cohen, Benjamin, "The Political Economy of International Trade," *International Organization*, 44:2(1990), pp. 261–281.

Cohen, Stenphen D., *The Making of United States International Economic Policy: Principles, Problems, and Proposals for Reform*, 3rd ed., Praeger, 1988.

Cohen, Stenphen D., Joel R. Paul, and Robert A. Blecker, *Fundamentals of U. S.*

Foreign Trade Policy: Economics, Politics, Laws, and Issues, Westview Press, 1996.

Cohen, Stenphen D. and John Zysman, *Manufacturing Matters: The Myth of the Post-Industrial Society,* Basic Books, 1987.

Conybeare, John A. C., "Voting for Protection: An Electoral Model of Tariff Policy," *International Organization,* 45:1(1991), pp. 57-81.

Cooper, William H., "The Future of U. S. Trade Policy: An Analysis of Issues and Options for the 111th Congress," Congressional Research Service, 2010.

_____, "Free Trade Agreements: Impact on U. S. Trade and Implications for U.S. Trade Policy," Congressional Research Service, 2010.

Cowhey, Peter, "'State' and 'Politics' in American Foreign Economic Policy," in John O'Dell and Thomas D. Willet, eds., *International Economics and Political Science,* University of Michigan Press, 1990, pp. 225-252.

de Melo, Jaime, "Introduction," in de Melo and Panagariya, eds., *New Dimensions in Regional Integration,* pp. 3-21.

Deardorff, Alan V. and Robert M. Stern, eds., *Constituent Interests and U. S. Trade Policies,* University of Michigan Press, 1998.

Destler, I. M., *American Trade Politics,* 4th ed., Institute for International Economics, 2005.

_____, "United States Trade Policy making in the Uruguay Round," in Henry R. Nau, ed., *Domestic Trade Politics and the Uruguay Round,* Columbia University Press, 1989.

Destler, I. M. and John O'Dell, *Anti-protection: Changing Forces in United States Trade Politics,* Institute of International Economics, 1987.

Diamond, Stephen Fielding, "U. S. Labor and North American Economic Integration," in Ricardo Grinspun and Maxwell A. Cameron, eds., *The Political Economy of North American Integration,* St. Martin's, pp. 251-260.

Dryden, Steve, *Trade Warriors: USTR and the American Crusade for Free Trade,* Oxford University Press, 1995.

Eckes, Alfred, Jr., *U. S. Trade Issues,* ABC-CLIO, 2009.

_____, *Opening America's Market: U. S. Foreign Trade Policy Since 1776,* University of North Carolina Press, 1995.

Eden, Lorraine, and Maureen Appel Molot, "Continentalizing the North American Auto Industry," in Grinspun and Cameron, eds., *The Political Economy of North American Integration,* pp. 297-314.

Edwards, George C., III., "The Two Presidencies: A Reevaluation," *American Politics Quarterly,* 14:3(1986), pp. 247-263.

Elms, Deborah K. and C. L. Lim, "An Overview of Snapshot of the TPP Negotiations," in Elms, Lim and Patrick Low, eds., *The Trans-Pacific Partnership: A Quest for a Twenty-first Century Trade Agreement,* Cambridge University Press, 2012, pp. 3–17.

Elms, Deborah K., C. L. Lim and Patrick Low, "What is "High-Quality, Twenty-first Century" Anyway?" in Elms, Lim and Low, eds., *The Trans-Pacific Partnership,* pp. 21–44.

Evans, Peter, "Declining Hegemon and Assertive Industrialization : U. S.-Brazilian Conflicts in Computer Industry," *International Organization,* 43 :2(1989), pp. 207–238.

Evenett, Simon J. and Michael Meier, "An Interim Assessment of the US Trade Policy of 'Competitive Liberalization," *The World Economy,* 31 :1(2008), pp. 31–66.

Fallows, James, "Containing Japan," *The Atlantic Monthly,* May 1989, pp. 40–54.

Faux, Jeff, and Thea Lee, "Implications of NAFTA for the United States : Investment, Jobs, and Productivity," in Grinspun and Cameron, eds., *The Political Economy of North American Integration,* pp. 219–235.

Feinberg, Richard E., "The Political Economy of United States' Free Trade Arrangements," *The World Economy,* 26 :7(2003), pp. 1019–1040.

Feketekuty, Geza, "U.S. Policy on 301 and Super 301," in Bhagwati and Patrick, eds., *Aggressive Unilateralism,* pp. 91–103.

Fenno, Richard, Jr., *Home Style: House Members in Their Districts,* Little, Brown, 1978.

_____, *Congressmen in Committees,* Little, Brown, 1976.

_____, *The Power of the Purse,* Little, Brown, 1966.

Ferguson, Thomas, "From Normalcy to New Deal : Industrial Structure, Party Competition, and American Public Policy in the Great Depression," *International Organization,* 38 :1(1984), pp. 41–94.

Fergusson, Ian F., William H. Cooper, Remy Jurenas, and Brock R. Williams, "The Trans-Pacific Partnership Negotiations and Issues for Congress," Congressional Research Service, 2013.

Findlay, Ronald and Stanislaw Wellisz, "Endogenous Tariffs, the Political Economy of Trade Restrictions and Welfare," in Bhagwati, ed., *Import Competition and Response,* pp. 223–244.

Fiorina, Morris P., *Congress: Keystone of Washington Establishment,* Yale University Press, 1977.

Fiorina, Morris P., Samuel J. Abrams, and Jeremy C. Pope, *Culture War? The Myth of a Polarized America,* 3rd ed., Longman, 2011.

Fraser, Steve, "The 'Labor' Question," in Steve Fraser and Gary Gerstle, eds., *The Rise and Fall of the New Deal Order,* Princeton University Press, 1989, pp. 55–84.

Fried, Edward R., Frank Stone and Philip H. Trezise, eds., *Building a Canadian-American Free Trade Area,* Brookings Institution, 1987.

Frieden, Jeffry A., "Sectoral Conflict and Foreign Economic Policy, 1914–1940,"

International Organization, 42:1(1988), pp. 59-89.

Friman, Richard H., "Selling NAFTA: Security Cards, Side Payments, and Domestic Bargaining in the Aftermath of the Cold War," a paper presented at the annual meeting of the American Political Science Association, 1994.

Gawande, K., Bernard Hoekman, and Yue Cui, "Global Supply Chains and Trade Policy Responses to the 2008 Crisis," *The World Bank Economic Review*, 2014, pp. 1-27.

Gereffi, Gary and Joonkoo Lee, "Why the World Suddenly Cares about Global Supply Chains," *Journal of Supply Chain Management*, 48:3(2012), pp. 24-32.

Gilpin, Robert, *The Political Economy of International Relations*, Princeton University Press, 1987.

Goldstein, Judith, "Ideas, Institutions, and American Trade Policy," *International Organization*, 42:1(1988), pp. 179-217.

_____, "The Political Economy of Trade: Institutions of Protection," *American Political Science Review*, 80:1(1986), pp. 161-184.

Goldstein, Judith and Stephany Ann Lenway, "Interests or Institutions: An Inquiry into Congressional-ITC Relations," *International Studies Quarterly*, 33(1989), pp. 303-327.

Golt, Sidney, *The GATT Negotiations 1986-90: Origins, Issues & Prospects*, British-North American Committee, 1988.

Gourevitch, Peter,, *Politics in Hard Times: Comparative Responses to International Economic Crisis*, Cornell University Press, 1986.

_____, "International Trade, Domestic Coalitions, and Liberty: Comparative Responses to the Crisis of 1873-1893," *Journal of Interdisciplinary History*, 8:2(1977), pp. 281-313.

Gowa, Joanne, "Public Goods and Political Institutions: Trade and Monetary Policy Responses in the United States," *International Organization*, 42:1(1988), pp. 15-33.

Grinspun, Ricardo, and Maxwell A. Cameron, "The Political Economy of North American Integration: Diverse Perspectives, Converging Criticisms," in Grinspun and Cameron, eds., *The Political Economy of North American Integration*, pp. 3-26.

Grunberg, Isabelle, "Exploring the 'Myth' of Hegemonic Stability," *International Organization*, 44:4(1990), pp. 431-477.

Haggard, Stephan, "The Institutional Foundations of Hegemony: Explaining the Reciprocal Trade Agreements Act of 1934," *International Organization*, 42:1(1988), pp. 91-119.

Haggard, Stephan and Beth Simmons, "Theories of International Regimes," *International Organization*, 41:3(1987), pp. 491-517.

Hayes, Michael T., *Lobbysts and Legislators: A Theory of Political Markets*, Rutgers University Press, 1981.

Healey, Jon and Thomas H. Moore, "Clinton Forms New Coalition To Win NAFTA's Approval," *Congressional Quarterly Weekly Reports*, November 20, 1993, pp. 3181–3183.

Helleiner, G. K., "Transnational Enterprises and the New Political Economy of U.S. Trade Policy," in Jeffry A. Frieden and David A. Lake, eds., *International Political Economy: Perspectives on Global Power and Wealth*, St. Martin's, 1991.

Hody, Cynthia A., *The Politics of Trade: American Political Development and Foreign Economic Policy*, Dartmouth College, 1996.

_____, "From Protectionism to Liberalism: Institutional Change and the Politics of American Trade Policy," a Ph. D. Dissertation at University of California, Los Angeles, 1986.

Hoekman, Bernard, "Supply Chains, Mega-regionals and the WTO," VoxEU.org, May 19, 2014.

Holzinger, Albert G., "Why Small Firms Back NAFTA," *Nations Business*, November. 1993, pp. 36–38.

Hudec, Robert, "Thinking About the New Section 301: Beyond Good and Evil," in Bhagwati and Patrick, eds., *Aggressive Unilateralism*, pp. 113–159.

Hufbauer, Gary C. and Jeffrey J. Schott, *North American Free Trade: Issues and Recommendations*, Institute for International Economics, 1992.

_____, *NAFTA Revisited: Achievements and Challenges*, Institute for International Economics, 2005.

Hughes, Kent, "Transferring Authority to the Trade Representative," in Claude E. Barfield and John H. Makin, eds., *Trade Policy and U.S. Competitiveness*, American Enterprise Institute, 1987.

Ikenberry, G. John., "Conclusion: An Institutional Approach to American Foreign Economic Policy," *International Organization*, 42:1(1988), pp. 219–243.

_____, "Market Solutions for State Problems: The International and Domestic Politics of American Oil Decontrol," *International Organization*, 42:1(1988), pp. 151–177.

Ikenberry, G. John., David Lake, and Michael Mastanduno, "Introduction: Approaches to explaining American Foreign Economic Policy," *International Organization*, 42:1(1988), pp. 1–14.

Katzenstein, Peter, ed., *Between Power and Plenty*, University of Wisconsin Press, 1978.

Keohane, Robert O., *After Hegemony: Cooperation and Discord in the World Political Economy*, Princeton University Press, 1984.

_____, "The Theory of Hegemonic Stability and Changes in International Economic

Regimes, 1967-1977," in Ole R. Holsti, Randolph M. Siverson, and Alexander L. George, eds., *Change in the International System*, Westview Press, 1980, pp. 131-162.

Keohane, Robert O., and Joseph S. Nye, *Power and Interdependence*, 2nd ed., Foresman and Company, 1989.

Key, V. O., Jr., "A Theory of Critical Elections," *Journal of Politics*, 17:1(1955), pp. 3-18.

Kim, Chulsu, "Super 301 and the World Trading System: A Korean View," in Bhagwati and Patrick, eds., *Aggressive Unilateralism*, pp. 253-256.

Kindleberger, Charles P., "Hierarchy Versus Inertial Cooperation," *International Organization*, 40:4(1986), pp. 841-847.

_____, "Dominance and Leadership in the International Economy: Exploitation, Public Goods and Free Rider," *International Studies Quarterly*, 25(1981), pp. 242-254.

_____, *The World in Depression, 1929-1939*, University of California Press, 1973.

King, Elizabeth, "The Omnibus Trade Bill of 1988: "Super 301" and Its Effects on the Multilateral Trade System Under the Gatt," *University of Pennsylvania Journal of International Business Law*, 12:2(1991), pp. 245-273.

Kingdon, John W., *Congressmen's Voting Decisions*, Harper & Row, 1973.

Kirk, Paul G., III., "A Democrat's View," in Claude E. Barfield and John H. Makin, eds., *Trade Policy and U.S. Competitiveness*, American Enterprise Institute, 1987.

Koechlin, Tim, "NAFTA and the Location of North American Investment: A Critique of Mainstream Analysis," *Review of Radical Political Economy*, 25:4(1993), pp. 59-71.

Krasner, Stephen D., *Structural Conflict: The Third World Against Global Liberalization*, University of California Press, 1985.

_____, "United States Commercial and Monetary Policy: Unravelling the Paradoxes of External Strength and Internal Weakness," in Katzenstein, ed., *Between Power and Plenty*, pp. 51-87.

_____, *Defending the National Interest: Raw Materials Investment Policy and U.S. Foreign Policy*, Princeton University Press, 1978.

_____, "State Power and the Structure of International Trade," *World Politics*, 28(1976), pp. 317-347.

_____, ed., *International Regimes*, Cornell University Press, 1983.

Kreklevich, Robert, "North American Integration and Industrial Relations: Neoconservatism and Neo-Fordism?" in Grinspun and Cameron, eds., *The Political Economy of North American Free Trade*, St. Martin's, 1993, pp. 261-270.

Krugman, Paul, "The Uncomfortable Truth about NAFTA: It's Foreign Policy, Stupid," *Foreign Policy*, 72:5(1993), pp. 13-19.

_____, *Strategic Trade Policy and the New International Economics*, MIT Press, 1986.

Krugman, Paul and Richard Baldwin, "The Persistence of the U.S. Trade Deficit", *Brookings Papers on Economic Activity*, 1 (1987), pp. 1-55.

Kuroda, Makoto, "Super 301 and Japan," in Bhagwati and Patrick, eds., *Aggressive Unilateralism*, pp. 219-231.

Ladd, Everett Carll, Jr. and Charles D. Hadley, *Transformations of the American Party System: Political Coalitions from the New Deal to the 1970s*, W. W. Norton, 1975.

Lake, David, "The State and American trade Strategy in the Pre-hegemonic Era," *International Organization*, 42:1(1988), pp. 33-58.

_____, *Power, Protection, and Free Trade: International Sources of U.S. Commercial Strategy, 1887-1939*, Cornell University Press, 1988.

_____, "Beneath the Commerce of Nations: A Theory of International Economic Structures," *International Studies Quarterly*, 28(1984), pp. 143-170.

_____, "International Economic Structures and American Foreign Economic Policy, 1887-1934," *World Politics*, 35:4(1983), pp. 517-543.

Lenway, Stephany, *The Politics of U.S. International Trade: Protection, Expansion, and Escape*, Pitman, 1985.

Lim, C. L., Deborah K. Elms and Patrick Low, *The Trans-Pacific Partnership: A Quest for a Twenty-first-Century Trade Agreement*, Cambridge University Press, 2012.

Linsay, Brink, "A New Track for U.S. Trade Policy," Cato Institute, Trade Policy Analysis, 1998.

Lipson, Charles, "The Transformation of Trade: the Sources and Effects of Regime Change," *International Organization*, 36:2(1982), pp. 417-455.

Long, William J., *U.S. Export Control Policy, Executive Autonomy vs. Congressional Reform*, Columbia University Press, 1989.

Lowi, Theodore, *The End of Liberalism*, W. W. Norton, 1969.

_____, "American Business and Public Policy: Case Studies and Political Theory," *World Politics*, 16(1964), pp. 677-693.

Lustig, Laura, Barry P. Bosworth and Robert Z. Lawrence, *North American Free Trade: Assessing the Impact*, Brookings Institution, 1992.

Mann, Thomas E., "Making Foreign Policy: President and Congress," in Thomas Mann, ed., *A Question of Balance: The President, the Congress, and Foreign Policy*, Brookings Institution, 1990.

Magee, Stephen P., "Endogenous Tariff Theory: A Survey," in D. Colander, ed., *Neoclassical Political Economy*, Ballinger, 1984.

Magee, Stephen P. and Leslie Young, "Endogenous Protection in the United States, 1980-1984," in Robert M. Stein, ed., *U.S. Trade Policies in a Changing World Economy*, MIT Press, 1988.

Mastanduno, Michael, "Trade as a Strategic Weapon: American and Alliance Export Control Policy in the Early Postwar Period," *International Organization*,

42:1(1988), pp. 121-150.

Mattoo, Aaditya, Francis Ng, and Arvind Subramanisn, "The elephant in the green room': China and the Doha Round," VoxEu.org, May 21, 2011.

Mayer, Frederick W., "Domestic Politics and the Strategy of International trade," *Journal of Policy Analysis and Management*, 10:2(1991), pp. 222-246.

_____, *Interpreting NAFTA: The Science and Art of Political Analysis*, Columbia University Press, 1998.

Mayhew, David, *Congress: The Electoral Connection*, Yale University Press, 1974.

McGowan, Pat and Stephen G. Walker, "Radical and Conventional Models of U.S. Foreign Economic Policy Making," *World Politics*, 33:3(1981), pp. 347-382.

McKeown, Timothy J., "The Limitations of "Structural" Theories of Commercial Policy," *International Organization*, 40:1(1986), pp. 43-64.

_____, "Firms and Tariff Regime Change: Explaining the Demand for Protectionism," *World Politics*, 36:2(1984), pp. 215-233.

Milford, Paul, "International Trade and Domestic Politics: Improving on Rogowsky's Model of Political Alignments," *International Organization*, 47:4(1993), pp. 535-564.

Milner, Helen V., *Resisting Protectionism: Global Industries and the Politics of International Trade*, Princeton University Press, 1988.

_____, "The Political Economy of U.S. Trade Policy: A Study of the Super 301 Provision," in Bhagwati and Patrick, eds., *Aggressive Unilateralism*. pp. 163-190.

Milner, Helen V. and David B. Yoffie, "Between Protectionism and Free Trade: Strategic Trade Policy and a Theory of Corporate Trade Demands," *International Organization*, 43:2(1989), pp. 239-272.

Morrison, Wayne M., "China-US Trade Issues," Congressional Research Service, 2011.

Narlikar, Amrita, "New powers in the club: the challenges of global trade governance," *International Affairs*, 86:3(2010), pp. 717-728.

Nau, Henry R., *The Myth of America's Decline: Leading the World Economy into the 1990's*, Oxford University Press, 1990.

Neustadt, Richard E., *Presidential Power*, Wiley, 1960.

Niskanen, William A., "The Bully of World Trade," Orbis, Fall 1989, pp. 531-538.

_____, *Reaganomics: An Insider's Account of the Policies and the People*, Oxford University Press, 1988.

Nivola, Pietro, *Regulating Unfair Trade*, Brookings Institution, 1993.

_____, "More Like Them?: The Political Feasibility of Strategic Trade Policy," a paper delivered at the annual meeting of the American Political Science Association, San Francisco, August 30 - September 2, 1990.

_____, "Trade Policy: Refereeing the Playing Field," in Thomas E. Mann, ed., *A Question of Balance: The President, the Congress, and Foreign Policy*, Brookings

Institution, 1990, pp. 201-254.

O'Dell, John S., "Understanding International Trade Policies: An Emerging Synthesis," *World Politics*, 43:1(1990), pp. 139-167.

_____, "The Outcomes of International Trade Conflicts: The US and South Korea, 1960-1981," *International Studies Quarterly*, 29:3(1985), pp. 263-286.

O'Halloran, Sharyn, "Politics, Process, and American Trade Policy: Congress and the Regulation of Foreign Commerce," a Ph.D. Dissertation at the University of California, San Diego, 1990.

Orme, William A., Jr., "Myths versus Facts: The Whole Truth about the Half-Truths," *Foreign Affairs*, 72:5(1993), pp. 2-12.

Ornstein, Norman, "Is Competitiveness a Genuine Issue?" in Claude E. Barfield and John H. Makin, eds., *Trade Policy and U.S. Competitiveness*, American Enterprise Institute, 1987.

Ostry, Sylvia, "The NAFTA: Its International Economic Background," in Stephen J. Randall, ed., *North America Without Borders?*, University of Calgari Press, 1992, pp. 21-30.

_____, *Government and Corporations in a Shrinking World: Trade and Innovation Policies in the United States, Europe and Japan*, Council on Foreign Relations Press, 1990.

Palazzolo, Daniel J. and Bill Swinford, "'Remember in November?': Ross Perot, Presidential Power, and the NAFTA," a paper presented at the annual meeting of the American Political Science Association, 1994.

Pang, Eul-Soo, *The U. S.-Singapore Free Trade Agreement: An American Perspective on Power, Trade, and Security in the Asia Pacific*, Institute of Southeast Asian Studies, 2011.

Pastor, Robert A., *Integration With Mexico: Options for U. S. Policy*, Twentieth Century Fund, 1993.

_____, *Congress and the Politics of U.S. Foreign Economic Policy, 1929-1976*, University of California Press, 1980.

Pearson, Charles S., *Free Trade, Fair Trade?: The Reagan Record*, University Press of America, 1989.

Polsby, Nelson W., *Congress and the Presidency*, 4th ed., Englewood Cliffs, Prentice-Hall, 1986.

_____, *Consequences of Party Reform*, Oxford University Press, 1983.

Prestowitz, Clyde V., *Trading Places: How We Allowed Japan to Take the Lead*, Basic Books, 1988.

Public Citizen, "The NAFTA Does Not Measure Up on the Environment and Consumer Health and Safety," 1992.

Ranney, David C., "NAFTA and the New Transnational Corporate Agenda," *Review of*

Radical Political Economy, 25:4(1993), pp. 1-13.

Ranney, Austin, *Curing the Mischiefs of Faction: Party Reform in America,* University of California Press, 1975.

Rhode, David W., *Parties and Leaders in the Post-reform House,* University of Chicago Press, 1991.

Richardson, J. David, "The Political Economy of Strategic Trade Policy," *International Organization,* 44:1(1990), pp. 107-135.

Ripley, Randall B., *Congress: Process and Policy,* 3rd ed., Norton, 1983.

Rogowski, Ronald, *Commerce and Coalitions: How Trade Affects Domestic Political Alignments,* Princeton university Press, 1989.

Rohlich, Paul E., "Economic Culture and Foreign Policy: The Cognitive Analysis of Economic Policy Making," *International Organization,* 41:1(1987), pp. 61-92.

Ros, Jaime, "Free Trade Area or Common Capital Market: Mexico-U. S. Economic Integration and NAFTA Negotiations," in Ambler H. Moss, ed., *Assessments of the NAFTA,* Transaction, 1993.

Rosecrance, Richard, *The Rise of the Trading State: Commerce and Conquest in the Modern World,* Basic Books, 1986.

Russet, Bruce, "The Mysterious Case of Vanishing Hegemony: or, Is Mark Twain Really Dead?" *International Organization,* 39:2(1985), pp. 207-230.

Sbragia, Alberta, "The EU, the US, and trade policy: competitive interdependence in the management of globalization, *Journal of European Public Policy,* 17:3(2010), pp. 368-382.

Schattschneider, E. E., *Politics, Pressure, and the Tariff,* Archon Books, 1963.

Schneider, William, "Talking Free Trade but Acting Protectionist," *National Journal,* May 2, 1987.

Schott, Jeffrey J., *Free Trade Agreements: US Strategies and Priorities,* Institute for International Economics, 2004.

_____, "Assessing US FTA Policy," in Jeffrey Schott, ed., *Free Trade Agreements: US Strategies and Priorities,* pp. 359-381.

Schott, Jeffrey J., Barbara Kotschwar, and Julia Muir, *Understanding Trans-Pacific Partnership,* Peterson Institute for International Economics, 2013.

Schwab, Susan C., "After Doha: Why the Negotiations Are Doomed and What We Should Do About It," *Foreign Affairs,* 92:3(2011), pp. 104-114.

_____, *Trade-Offs: Negotiating the Omnibus Trade and Competitiveness Act: An Insiders Account of the People, Events, and institutions Shaping U. S. Trade Policy,* Harvard Business School Press, 1994.

Shafer, Bryan E., *Quiet Revolution: The Struggle for the Democratic Party and the Shaping of Post-Reform Politics,* Russell Sage, 1983.

Shoch, James, *Trading Blows: Party Competition and U. S. Trade Policy in a*

Globalizing Era, University of North Carolina Press, 2001.

Shrybman, Steven, "Trading Away the Environment," in Grinspun and Cameron, eds., *The Political Economy of North American Integration,* pp. 271-295.

Sideri, Sandro, "Restructuring the Post-Cold War World Economy: Perspectives and a Prognosis," *Development and Changes,* 24:1(1993), pp. 7-27.

Snidal, Duncan, "The Limits of Hegemonic Stability Theory," *International Organization,* 39:4(1985), pp. 579-614.

Solomon, Burt, "Measuring Clout," *National Journal,* July 4, 1987, pp. 1706-1711.

Stegemann, Klaus, "Policy Rivalry among Industrial States: What Can We Learn from Models of Strategic Trade Policy?," *International Organization,* 43:1(1989), pp. 73-100.

Stein, Arthur A., "The Hegemon's Dilemma: Great Britain, the United states, and the International Economic Order," *International Organization,* 38:2(1984), pp. 355-386.

Steinberg, Richard H., "Great Power management of World Trading System: A Transatlantic Strategy for Liberal Multilateralism," *Law and Policy in International Business,* 29(1998), pp. 205-256.

Stern, Paula, "A Burdensome Legacy for the 1990's: The Reagan Administration's Trade Policy," *The Brookings Review,* Fall 1990, pp.38-43.

Stokes, Bruce, "A Hard Sell," *National Journal,* October 16, 1993, pp. 2472-2476.

_____, "Mexican Roulette," *National Journal,* May 15, 1993, pp. 1160-1164.

_____, "Too Slippery a Sidestep for Hills?," *National Journal,* October, 28, 1989.

_____, "Two for Trade," *National Journal,* August 12, 1989, pp. 2032-2037.

_____, "Talking with Japan Worthwhile?," *National Journal,* June 3, 1989.

_____, "Beat'em or Join'em," *National Journal,* February 25, 1989, pp. 459-464.

_____, "The Trade Debate's Winners and Losers," *National Journal,* April 16, 1988.

_____, "Prolonging the Boom," *National Journal,* April 16, 1988, pp. 1003-1008.

_____, "Giving Notice," *National Journal,* August 8, 1987.

_____, "Bentsen's Benchmark," *National Journal,* July 25, 1987.

_____, "Everybody's in the Act," *National Journal,* April 18, 1987, pp. 927-931.

_____, "Setting the Stage," *National Journal,* Jan 17, 1987, pp. 118-124.

Strange, Susan, "Are Trading Blocs Emerging Now?" a paper presented at the annual meeting of the International Political Science Association, 1991.

_____, "The Persistent Myth of Lost Hegemony," *International Organization,* 41:4(1987), pp. 551-574.

_____, "Cave! hic dragones: a Critique of Regime Analysis," in Krasner, ed., *International Regimes,* pp. 337-354.

Sunquist, James L., *The Dynamics of the Party System: Alignment and Realignment of Political Parties in the United States,* The Brookings Institution, 1973.

Svernilov, Carl, "Super 301: Gone But Not Forgotten," *Journal of World Trade*, 26:3(1992), pp. 125-132.

Taussig, Frank W., *The Tariff History of the United States*, Putnam's Sons, 1922.

The Center for Public Integrity, *Office of the United States Trade Representative: America's Frontline Trade Officials*, The Center for Public Integrity, 1990.

Tyson, Laura D'Andrea, "Managed Trade: Making the Best of the Second Best," in Robert Z. Lawrence and Charles L. Schultze, eds., *An American Trade Strategy: Options for the 1990's*, Brookings Institution, 1990, pp. 142-185.

U. S. Congress, Committee on Finance, *Hearing on U. S. Trade Policy and NAFTA*, September 3, 1993.

_____, House, Committee on Ways and Means, Subcommittee on Trade, *Hearings on Supplemental Agreements to the North American Free Trade Agreement*, November 3, 1993.

_____, House, Committee on Energy and Commerce, Subcommittee on Commerce, Consumer Protection, and Competitiveness, *U.S. Trade Negotiations: Hearing*, 101st cong., 2nd sess., July 18, 1990.

_____, House, Committee on Energy and Commerce, Subcommittee on Commerce, Consumer Protection, and Competitiveness, *Foreign Trade Barriers: Hearing*, 101st cong., 2nd sess., April 24, 1990.

_____, House, Committee on Ways and Means, Subcommittee on Trade, *USTR Identification of Priority Practices and Countries Under Super 301 and Special 301 Provisions of the Omnibus Trade and Competitiveness Act of 1988: Hearing*, 101st cong., 1st sess., June 8, 1989.

_____, House, Committee on Energy and Commerce, Subcommittee on Oversight and Investigations, *Unfair Foreign Practices: Hearings*, 101st cong., 1st sess., March 1 and 2, 1989.

_____, House, Committee on Ways and Means, *Managing United States-Korean Trade Conflict*, a seminar sponsored by the Woodrow Wilson International Center for Scholars, the Congressional Research Service, and the Committee on Ways and Means, held March 31, 1987.

_____, House, Committee on Ways and Means, *Hearings on H.R. 3*, 100th cong., 1st sess., Feb. 5-27, 1987.

_____, Senate, Committee on Finance, *Super 301: Effectiveness in Opening Foreign Markets: Hearing*, 101st cong., 2nd sess., April 27, 1990.

_____, Senate, Committee on Finance, *United States-Japan Trade Relations: Hearing*, 101st cong., 2nd sess., April 25, 1990.

_____, Senate, Committee on Finance, *Oversight of the Trade Act of 1988: Hearings*, Part 1 and 3, 101st cong., 1st sess., March 1, 3, and June 14, 1989.

_____, Senate, Committee on Finance, *Hearing: Oversight of the Trade Act of 1988*,

Part 3, 101st cong., 1st sess., May 3 and June 14, 1989.

_____, Senate, Committee on Finance, *Oversight of the Trade Act of 1988: Hearings*, Part 1, 101st cong., 1st sess., March 1, 1989.

_____, Senate, Committee on Finance, *Hearings on Mastering the World Economy*, 100th cong., 1st sess., Jan. 13-19, 1987.

_____, Senate, Committee on Finance, *Presidential Authority to Respond to Unfair Trade Practices: Hearing on Title II of S.1860 and S.1862*, 99th cong., 2nd sess., 1986.

_____, *Congressional Record*, Vol. 132(1986) - Vol.136(1990).

U. S. International Trade Commission, *Potential Impact on U. S. Economy and Selected Industries of the North American Free Trade Agreements*, USITC, 1993.

USTR, *2010 Trade Policy Agenda and 2009 Annual Report of the President of the United States on Trade Agreements Program*, 2010.

_____, *2009 Trade Policy Agenda and 2008 Annual Report of the President of the United States on Trade Agreements Program*, 2009.

_____, *Fact Sheet: Bush Administration Market Opening Accomplishment in Japan*, 1990.

_____, *1989 National Trade Estimate Report on Foreign Trade Barriers*, 1989.

_____, "The President's Trade Policy Agenda," 1989.

_____, "Fact Sheet: Super 301 Trade Liberalization Priorities," 1989.

Vernon, Raymond, Debora L. Spar, and Glenn Tobin, *Iron Triangles and Revolving Doors: Cases in U.S. Foreign Economic Policymaking*, Praeger, 1991.

Victor, Kirk, "Step Under My Umbrella," *National Journal*, April 23, 1988, pp. 1063-1067.

Waltz, Kenneth, *Theory of International Politics*, Reading, Addison-Wesley, 1979.

Wattenberg, Martin P., *The Decline of American Political Parties, 1952-1984*, Harvard University Press, 1986.

Weaver, R. Kent, "The Politics of Blame Avoidance," *Journal of Public Policy*, 6:4(1986), pp. 371-398.

Wehr, Elizabeth, "Japan, India, Brazil Cited For Import Barriers," *Congressional Quarterly Weekly Review*, May 27, 1989.

_____, "U.S. Plies Uncharted Waters in Effort to Open Markets," *Congressional Quarterly Weekly Reports*, May 20, 1989.

Weintraub, Sidney, *U. S.-Mexican Industrial Integration: The Road to Free Trade*, West View Press, 1991.

Whalen, Richard J. and Christopher Whalen, eds., *Trade Warriors: The Guide to the Politics of Trade and Foreign Investment*, Whalen Company, 1990.

Wildavsky, Aaron, "The two Presidencies," *Trans-Action*, 4:2(1966), pp. 7-14.

Wildavsky, Aaron and Duane M. Orfield, "Reconsidering the two Presidencies," *Society*,

26(1989), pp. 54-59.

Winham, Gilbert R., "The Prenegotiating Phase of the Uruguay Round," *International Journal*, 44:2(1989), pp. 280-303.

Yarbrough, Beth V. and Robert M. Yarbrough, "Cooperation in the Liberalization of International Trade: After Hegemony, What?" *International Organization*, 41:1(1987), pp. 1-26.

Yoffie, David B., *Power and Protectionism: Strategies of the Newly Industrializing Countries*, Columbia University Press, 1983.

Zeng, Ka, *Trade Threats, Trade Wars: Bargaining, Retaliation and American Coercive Diplomacy*, University of Michigan Press, 2004.

Zimmerman, William, "Issue Area and Foreign Policy Process: A Research Note in Search of a General Theory," *American Political Science Review*, 67:4(1973), pp. 1204-1212.

찾아보기